장애영역별 특성에 맞춘

미술치료 열두 달 프로그램 III

장애영역별 특성에 맞춘

미술치료 열두 달 프로그램 III

최외선 · 김갑숙 · 서소희 · 류미련 · 강수현 · 조효주 · 박금채 공저

학지사

머리말

왜 장애 특성에 맞춘 미술치료인가
아이를 알아야 치료의 길이 보인다

미술이라는 씨실과 치료라는 날실을 엮어 만드는 미술치료에서 어떤 미술의 방법과 어떤 치료의 목표를 세워야 할지 계획하고 결정하는 일은 치료사가 만나게 되는 아이를 이해하는 것에서 시작된다.

아이의 마당에 아이의 신을 신고 들어가 보라고 한다. 미로 그림 옆에 거울을 세워 두고 거울에 비춰진 모습만 보면서 미로에 선을 그어 빠져나오는 실습을 해 본 경험이 있다. 선은 삐뚤빼뚤 내가 가려던 방향과 전혀 다르게 움직인다. 아무렇지 않게 그을 수 있었던 선 하나를 긋는 데 시간이 많이 걸린다. 몇 번이나 다시 시작하지 않으면 안 된다. 무척 당황스럽다. 눈과 손의 협응이 잘 되지 않는 아이는 이런 경험을 매일매일 하며 살아가고 있다. 아이는 엄마의 말을 듣기 싫어서가 아니라 발달되지 못한 기능 때문에 선을 잘 그리지 못하고 글자를 반듯하게 쓰는 것이 어렵다. 아이를 이해하게 되면 미술치료의 목표와 방법이 분명해진다.

왜 미술치료 워크북을 만드나
고민을 나누는 마음

미술치료 현장에는 여러 가지 장애를 단일하게 혹은 중복으로 가지고 있는 아이들이 있다. 점토를 만지게 하면 소리를 지르며 울어 버리는 아이, 자기 이름을 불러도 대답하지 않고 눈을 맞추지 않는 아이, 사물의 이름을 말하지 못하는 아이……. 이런 장애가 있는 아이의 마당에는 어떤 것들이 있을까. 아이에게 미술치료라는 이름으로 무엇을 어떻게 도울 수 있을까. 임상 현장에서 장애가 있는 아이들과 만나 함께 미술치료를 경험하며 고민한 내용들과 그 고민에 대해 경험으로 얻은 나름의 답들을 모아서 정리해 보았다. 장애가 있는 아이의 마당을 살짝 펼쳐 보고 아이의 마당에서 함께 뛰어놀아 본 경험을 나누어 보고자 한다.

미술치료의 기법선택은
아이의 준비 수준에 따라

장애가 있는 아이와 함께하는 미술치료는 크게 두 가지의 목표를 가질 수 있다. 하나는 발달을 촉진하는 것이고, 다른 하나는 장애 특성으로 인한 다양한 심리적 · 정서적 · 행동적 문제를 소거하는 것이다. 이런 목표를 위해 구체적인 기법을 선택할 때 고려해야 할 점은 아이가 미술작업을 할 준비가 어느 정도 되어 있는가다. 그리거나 만들어서 작품을 완성할 수 있는지, 작품을 누군가에게 보여 주려고 하는지, 복잡하게 얽힌 선 속에서 어떤 이미지를 찾아내는지, 작품을 만들며 느낀 점을 이야기할 수 있는지, 작품에 대해 감정을 붙여서 표현할 수 있는지, 상징적인 의미를 이해하고 작품에서 표현하는지, 자기 문제의 본질을 이해하는 능력은 어느 정도인지 그 수준을 고려해야 한다. 이 책에서는 치료사가 만나게 되는 아이의 인지, 언어, 정서, 표현 수준을 반영하기 위해 하나의 주제로 적용할 수 있는 기법을 단계적으로 나누어 1단계, 2단계, 3단계로 구성한다. 1단계는 기법의 목표에서 가장 처음 경험하고 탐색할 수 있는 단계이고, 단계가 올라가면서 매체나 표현방법을 다양하게 응용하고 자신에게 적용할 수 있는 수준으로 기능 수준이 변화된다.

어디서 시작해야 할까
발달의 계단에서부터

심리적으로 어려움을 겪는 이들을 만날 때 마음에 상처가 생긴 어린 시절을 탐색해 보는 작업은 필수적이다. 장애가 있는 아이를 만날 때도 더 어린 시절로 되돌아가야 될 때가 있다. 얼마나 어린 시절로 가야 할까. 아이는 발달의 계단을 쌓아 올라가며 성장한다. 이 계단은 감각, 지각, 인지의 구조로 되어 있다. 아이는 태어나서 손과 엄마의 젖을 빨고 기저귀에 오줌을 싸고 잡히는 것은 모두 입에 가져가면서 이 세상을 구성하는 것이 무엇인지를 감각을 통해 느끼고 깨닫게 된다. 아래층이 기초가 되어 다음 층이 형성되므로 가장 아래층에서 감각자극을 제대로 경험하고 성취하지 못하면 그다음 층인 지각이나 인지에도 문제가 생길 수 있다. 감각은 충분한 경험을 통해 통합되고 발달한다. 따라서 감각의 문제는 감각 경험에 의해서만 회복되고 완성이 된다. 지각은 보거나 듣는 것 등의 감각자료를 뇌에서 판별하고 해석, 조직화하는 활동으로 시지각, 청지각 등의 능력은 매우 중요한 발달 과업이다. 인지는 언어 개념을 형성하고 학습의 기초를 구성한다. 장애가 있는 아이에게는 엉성하게 쌓여서 제대로 딛지 못하는 계단으로 내려가 구멍 난 부분을 채우며 차곡차곡 쌓아 가는 과정이 필요하다. 아이는 자신의 마당에서 어떤 성장의 계단을 쌓아 가고 있을까. 치료사는 아이의 계단을 살펴보기 위해서 발달과 장애를 이해하는 특별한 능력이 필요하다.

어떤 내용인가
하나의 장애영역을 3개월씩, 열두 달

이 책에서는 1권과 2권의 열두 달 형식을 유지하면서 몇 가지 변화를 시도하고 있다.

하나의 장애영역을 3개월로 나누어 4개 장애영역을 소개한다. '감각통합장애와 만나는 1월, 2월, 3월' '시지각장애와 만나는 4월, 5월, 6월' '지적장애와 만나는 7월, 8월, 9월' '자폐스펙트럼장애와 만나는 10월, 11월, 12월'의 열두 달로 구성된다. 장애영역은 발달 단계를 고려하여 낮은 단계에서부터 순차적으로 살펴볼 수 있도록 배치하였다.

각 장애영역은 '알고 가기' '짚고 가기' '함께 가기'로 구성되어 있다.

'알고 가기'에는 장애아동을 만날 때 알아야 할 장애의 정의와 주요 특성에 대한 내용을 담았다. '짚고 가기'에는 임상 현장의 목소리를 담았다. 장애아동을 만나며 쌓아 온 미술치료사의 경험과 노하우를 이야기하는 형식으로, 장애아동을 만날 때 꼭 짚어 보아야 하는 내용들을 담고 있다. '함께 가기'에는 장애아동과 만나서 함께 할 수 있는 미술치료 기법을 담았다. 장애영역별로, 치료적으로 중요한 4가지 주제를 정하고, 각 주제에 따라 점진적이고 순차적으로 접근할 수 있도록 1단계, 2단계, 3단계의 단계별로 기법을 소개한다.

어떻게 사용하면 좋을까
아이만을 위한 특별한 요리를 만들 듯

이 책에서는 하나의 주제를 3개의 단계로 나누고 있지만 아동에 따라서는 더 많은 세부 단계로 나누어 반복적이고 점진적인 접근이 필요한 경우도 있다. 이 책을 읽는 독자들이 아이디어를 보태어 각자가 만나는 아이에게 맞는 단계와 방법을 찾아 나가기를 바란다.

이 기법들은 장애영역별 특성에 맞추어 고안한 내용이지만 주제, 목표, 매체 등을 고려하여 다른 장애영역의 아동이나 비장애아동, 청소년이나 성인을 대상으로 적용할 수 있다. 또한 개별미술치료뿐 아니라 집단미술치료로도 적용할 수 있다.

이 책이 독자들에게 아이의 마당을 탐험하며 성장의 계단을 함께 쌓아 가고 아이를 돕는 데 소풍 도시락처럼 좋은 동반자가 되어 주기를 바란다. 또한 이 책에서 소개한 기법이 치료를 만드는 레시피라고 한다면, 치료사마다 자신이 만나는 아이만을 위한 특별한 요리를 만들어 나가기를 바란다.

끝으로

감사합니다

한 권의 책이 세상에 나오기까지 보이지 않는 곳에서 많은 분들의 손길과 마음이 모아져야 한다는 것을 책을 출판할 때마다 새삼스레 느끼며 감사한 마음을 가지게 된다. 그리고 특별히 이 책의 출판을 승낙해 주신 학지사 김진환 사장님, 교정과 편집을 위해 수고해 주신 황미나 선생님께 감사 드린다.

감각통합장애

감각통합장애와 만나는 1월, 2월, 3월

시지각장애

지적장애

지적장애와 만나는 7월, 8월, 9월

1 관계 표현을 위한 콜라주

2 인물 그리기를 통한 관계 조망

3 돈 개념 익히기

4 성교육

자폐스펙트럼장애

자폐스펙트럼장애와 만나는 10월, 11월, 12월

감각통합장애

감각통합장애와 만나는 1월, 2월, 3월

알고 가기

짚고 가기

함께 가기

▌알고 가기

1. 감각통합장애 정의

1) 감각

우리가 감각이라는 단어를 떠올릴 때 흔히 생각나는 것으로는 시각, 청각, 미각, 후각, 촉각이라는 다섯 가지 감각이 있다. 이 감각들은 흔히 오감이라고 불리는 감각으로 신체 외부로부터 들어오는 외적인 자극이자 '원위 감각'이라고 불리는 감각인데, 뇌는 이러한 감각들을 잘 분별하여 우리가 외부 세계에 잘 반응할 수 있도록 한다.

또 직접 보이거나 인식이 잘되는 것은 아니지만 우리 신체에 내재한 감각들도 있다. 이러한 감각들은 심장 박동을 느끼게 하는 감각, 배고픔이나 목마름을 느끼게 하는 감각, 체온의 변화에 대해 느끼거나 졸림 등을 알아차릴 수 있게 하는 감각들로 우리 생존에 아주 필수적인 감각들이다. 이러한 감각들은 '근위 감각'이라고 불리며 우리가 몸 내부에서 일어나는 여러 가지 일에 반응할 수 있도록 한다.

신경학적인 측면에서의 감각은 이 다섯 가지 감각과 함께 체성감각과 전정감각을 포함한다.

2) 체성감각과 전정감각

체성감각은 피부를 통해 전달되는 접촉에 대한 정보를 처리하는 촉각과 우리 몸의 근육, 관절, 힘줄, 인대 등을 통하여 무의식적으로 몸의 위치 변화를 뇌에 전달하는 기능을 담당해 신체의 위치 감각과 신체의 각 부위를 인식하게 해 주는 고유수용성감각을 포함한다. 전정감각이란 동작과 중력, 평형에 대한 감각을 내이로부터 받아들이는 감각을 말하며 머리 위치의 변화로 인해 오는 자세의 변화를 탐색한다.

우리의 얼굴에 주로 분포하는 청각, 시각, 미각, 후각과 같은 감각들은 기본적으로 촉각, 고유수용성감각, 전정감각계로부터 오는 감각정보들을 기반으로 그 고유의 기능들을 더 잘 수행할 수 있게 된다.

3) 감각통합

감각통합은 사람의 몸에 어떤 자극이 들어왔을 때 그 자극에 대한 적응 반응을 만들기 위해 뇌에서 감각정보를 조직화하고 환경 속에서 신체를 효과적으로 사용할 수 있도록 하는 신경학적인 과정(neurological process)이다(Ayers, 1982).

공이 자신을 향해 날아오는 것을 보면 허리를 숙이든 손으로 쳐내든 당연히 공에 맞지 않도록 피해야 하고, 뛰어가다가 길을 가로막는 장애물이 보이면 멈춰서야 하듯 사람의 생존과 안전을 위한 모든 행동은 중추신경계에서 일어나는 감각통합 처리과정의 결과다.

우리를 둘러싼 세계로부터 정보를 받아들이고, 정리하고, 서로 연결하는 능력인 감각통합은 정상 발달 과정에서 자동적으로 이루어지는데, 영아기부터 아동기에 이르기까지 비약적으로 발전한다. 보통 8~10세에 감각이 성숙하고 통합된다고 하지만, 감각의 처리과정은 평생을 걸쳐 다듬어진다.

그러나 우리의 뇌가 감각들을 효율적으로 다룰 수 없을 때, 즉 감각을 받아들이는 과정이나 그 감각정보를 뇌가 조직화하는 과정이나 감각통합의 결과로 출력되는 행동과 뇌의 상호작용 과정 중 무엇인가 이상이 있을 때 감각통합에 기능이상이 일어나게 된다.

4) 감각통합장애

감각통합장애(sensory integrative dysfunction)는 '뇌'를 소화기관으로 비유할 때 이 소화기관에서 발생하는 소화불량으로 뇌가 통상적이고 효율적인 방식으로 기능을 하지 못한다는 것을 의미한다.

감각통합장애는 뇌가 감각입력을 능숙하게 처리하지 못하고 자신 주변의 다양한 감각들이 주는 자극들을 적절히 통합하고 조직화하지 못하는 상태로, 발달이나 정보처리, 행동 등에 다양한 수준의 여러 가지 문제를 일으킨다. 효과적인 감각통합에 어려움이 생기면 무엇인가를 학습하는 것이 어렵게 되고, 자신에 대해 불안감이나 불쾌감을 느낄 수도 있으며, 일상적인 생활이나 스트레스에 적절하게 대처할 수도 없게 된다.

2. 감각통합장애 특성

1) 감각처리 과정의 문제점들

(1) 비효율적인 감각유입이 발생할 경우

뇌로 들어오는 감각정보가 너무 많을 경우에는 신경이 과민해지고 자신을 과도하게 각성시키게 하는 감각자극은 회피하게 된다. 반면 너무 적은 정보를 받아들이는 상태는 둔감한 반응성을 보이게 되는데, 그 결과 자신을 각성시킬 수 있는 자극보다 더 많은 양의 자극을 찾게 된다.

(2) 신경학적으로 조직화가 되지 않는 경우

중추신경계 내에서 감각정보를 받아들이지 못하거나, 받아들이되 불규칙적으로 받아들이는 경우, 받아들인 정보를 다른 감각정보와 연결시키는 것이 안 되어 결과적으로 의미 있는 행동 반응을 나타내지 못하게 된다.

(3) 출력과정이 효율적이지 못할 경우

감각정보를 처리하는 뇌가 원활하게 작동하지 못하여 비효율적으로 기능하고 보통의 일반적인 감각자극에 대해 일반적으로 반응하지 못하고 과민하거나 둔감하게 반응하기도 하며 때로는 양극단의 반응을 보이게 된다.

2) 감각통합장애로 나타나는 문제들

감각통합 기능에 장애가 있을 경우 너무나 다양한 행동상의 문제들을 겪게 되는데 그중 대표적인 문제들은 다음과 같다.

- 활동수준이 높거나 낮아 비정상적인 과잉행동을 보이거나 쉽게 산만해지거나 지나치게 처져 있는 행동을 보인다.
- 신체적으로 둔하거나 주의력 부족을 보인다.
- 새로운 상황에 대한 거부가 심하고, 장소나 과제 등을 끝맺고 다른 것으로 전환하는 것에 어려움이 있다.
- 자신의 마음을 편안하게 이완시키거나 감정이나 충동을 조절하는 능력이 부족하여 자기조절력, 통제력에 문제를 보인다.
- 자아개념이 부족하고 쉽게 좌절감을 느낀다.
- 말하기, 이해하기 등의 언어능력에 지연이나 어려움을 보여 학습 문제를 경험하며, 협응이나 운동 실행 능력에서 발달이 늦거나 어려움을 보인다.
- 피부 접촉, 움직임, 빛, 또는 소리에 과민 또는 둔감한 반응을 보이며, 대인관계나 감정표현에 다양한 문제를 경험한다.

3) 감각기관별 증상

감각통합은 주로 세 가지 기본감각, 즉 촉각(tactile), 전정감각(vestibular) 및 고유수용성감각(proprioceptive) 기능의 통합을 말한다. 태어나기 전부터 이 세 가지 기능의 연결이 형성되기 시작하며, 점차 성숙되고 주위 환경과 상호작용을 하면서 발달되어 간다. 세 가지 감각은 각각의 감각뿐만 아니라 뇌의 다른 구조와도 서로 연결되어 있으며, 시각이나 청각만큼 용어가 우리에게 친밀하지는 않지만, 사람이 생존하는 데 기본적으로 꼭 필요한 감각들이다.

이러한 세 감각 사이의 상호 관계는 아주 복잡하며, 우리가 주변 환경의 여러 가지 자극들을 경험하고, 해석하며, 이에 적절히 반응할 수 있도록 해 준다. 따라서 각 감각영역이 부족하거나 과다하여 적절하게 반응할 수 없는 경우 문제가 발생하게 된다.

(1) 촉각 기능 이상

촉각은 머리부터 발끝에 이르는 피부 표면을 통해 주위 환경에 있는 사물의 질감, 모양, 크기에 대한 정보를 일차적으로 제공해 준다. 우리가 능동적으로 무엇을 만지고 있는지 또는 무언가에 의해 수동적으로 접촉되어 있는지를 알게 해 주며, 위협적인 촉각인지, 아닌지를 구별하게 해 준다.

촉각 기능에 이상이 있으면 만지는 것을 싫어하여 움츠러들거나, 특정한 촉감을 가진 음식물이나 옷을 기피한다. 그리고 머리나 얼굴을 씻어 주면 싫어하고, 손에 풀이나 모래, 찰흙, 손가락으로 바르는 페인트 등을 묻히려 하지 않으며, 물건을 다룰 때 손 전체를 사용하지 않고 손가락 끝으로만 만지려 한다.

또한 만짐이나 통증에 대해 과잉 반응 혹은 과소 반응을 보이고 스스로를 또래나 주변 사람들로부터 고립시키거나, 반대로 나대고, 어수선하며, 과잉행동을 보이기도 한다. 만지는 것에 방어를 보이는 아동은 가벼운 만짐에도 극단적으로 과민한 반응을 보인다.

(2) 전정감각 기능 이상

전정감각은 내이를 통하여 중력, 공간, 균형, 움직임, 지표면에 대한 머리와 신체 위치에 대한 정보를 제공해 준다.

전정자극에 너무 민감한 아동은 일상적인 운동(그네를 타거나, 미끄러지기, 뛰어들기, 몸 기울이기 등)에 대해 공포 반응을 보인다. 또한 층계나 경사진 길을 기어오르거나 내려오는 것에 대한 학습이 잘되지 않고, 평평하지 않거나 불안정한 면 위에서 걷는 것을 걱정스러워한다. 따라서 공간에 대해 두려워하는 것처럼 보이고, 일반적으로 움직임이 어설퍼 보인다.

전정자극에 둔감한 아동은 아주 심하게 몸을 움직이거나 뛰거나 빙빙 도는 등 더욱 강한 감각 자극을 찾곤 한다. 이 경우는 과소전정감각 자극 현상 때문에 그 부족한 양을 채우기 위해 쉬지 않고 몸을 흔들거나 뛰고 빙빙 도는 행동을 한다.

(3) 고유수용성감각 기능 이상

고유수용성감각은 관절, 근육, 인대를 통하여 신체의 각 부분이 어디에 있으며, 무엇을 하고 있는지에 대한 정보를 제공해 준다.

이 신경계들은 때로 '잠재 감각들'이라고 불리기도 하고 배아기 가장 초기에 발달되며 이보다 약간 후기에 발달되는 시각, 청각, 후각, 미각과 상호작용한다. 출생부터 이루어지는 감각통합의 결과로 아동은 자존감, 운동기술, 자기통제력, 추상적 사고와 논리적 사고력 같은 고차원의 인지기능을 습득하게 된다.

의자에 똑바로 앉아 있거나 구부러진 곳을 매끄럽게 돌아 나가는 등의 행동은 이 고유수용성감각계의 작용에 의한 것이다. 이것은 또한 연필로 글씨를 쓰고 숟가락으로 국물을 떠 마시거나 옷의 단추를 잠그는 등의 미세 운동을 가능하게 하는 감각으로, 이 감각에 이상이 있으면 어렸을 때는 잘 기지 않고, 음식을 먹을 때 잘 흘리기도 하며, 이상한 자세를 취하거나 몸의 자세에 대해 잘 느끼지 못하여 높거나 낮은 곳에서 잘 떨어진다. 또한 단추 같은 작은 물건을 잘 다루지 못하는 등 행동이 어설프고, 새로운 운동에 대해 거부감을 보인다.

짚고 가기

　미술치료 임상 현장에서 만나는 아동 중에는 치료사와의 가벼운 접촉에도 움찔하거나 물감 한 방울만 자신에게 튀어도 참기 힘들어하며 바로 씻거나 옷을 벗어 버리는 아동들이 있다. 또 안아 주면 몸이 뻣뻣해지는 아동이나 신발을 벗으면 한겨울에도 양말을 무조건 벗어 버리는 아동을 만날 때가 있다.

　이런 아동은 미술치료 작업 중 모래놀이를 할 때나 손가락으로 그림을 그릴 때, 또는 점토나 풀 등 까칠하거나 끈적거리는 매체를 만질 때 이에 대한 저항이 심해 소리를 지르며 하기 싫다고 짜증을 부리고 울어 버리는 경우를 많이 보게 된다.

　미술치료 임상 현장에서 또래관계에 문제가 있거나 사회성에 어려움이 있어 위축감이 있는 아동을 만나게 될 경우 자존감 향상이나 심리적 이완의 목적으로 초기 회기에는 통제력이 낮은 매체를 주로 사용하게 되는데, 이런 아동은 통제력이 낮은 무른 점토 작업, 핑거페인팅 등 매체에 대한 저항이 너무 심해 미술 작업을 진행하기가 힘든 경우가 많이 있다.

　아동이 만지기를 싫어하고 물컹하거나 끈적거리는 재료에 저항을 보이면 치료사는 아동이 꺼리는 매체를 이용한 작업을 피하게 된다. 그러나 치료사는 어떤 이유로 아동이 촉각에 자극이 되는 매체를 꺼리는지 근원적인 이유를 알고 있어야 하며, 치료 장면에서 어떤 방법으로 아동의 촉각에 대한 저항을 다뤄 줘야 하는지 정확히 알고 중재할 수 있어야 한다.

　이처럼 촉각에 대한 저항을 보이는 아동들은 대부분 감각통합에 문제나 이상이 있기 때문이며, 감각통합 중에서도 촉각에 대한 과잉 반응 증상인 방어가 있기 때문이다.

　촉각체계가 하는 일은 크게 두 가지다. 하나는 방어체계이고 하나는 구별체계다. 모든 생명체는 해로운 자극에 노출되었을 때 그런 위험한 자극을 피하고, 자신의 안전을 지키기 위해 방어체계가 필요하다. 뜨거운 물이 담긴 컵을 모르고 덥석 잡았을 경우 이 방어체계가 작동하여 우리는 자신도 모르게 잡았던 컵을 놓아 버리게 되는 것이다.

촉각체계의 두 번째 구성요소는 구별체계인데, 우리는 이 구별 기능 덕분에 우리가 만지고 있는 것이 어떤 것인지, 우리 신체의 어느 부분이 접촉되고 있는지 접촉하고 있는 물체의 모양이나 질감, 크기 등을 감지할 수 있다.

그런데 피부를 통해 들어온 감각이 다양한 이유로 뇌에서 유입된 감각을 비효율적으로 처리할 경우 방어체계와 구별체계가 적절하게 균형을 이루지 못하고 방어체계가 과도하게 작동하게 된다. 이럴 경우 핑거페인팅 풀이나 점토 등을 '아~ 이것은 끈적거리는 풀이야.' '이것은 물컹한 점토야.'라고 구별하지 못하고, '이 끈적거리는 것은 기분이 나빠.' '이 물컹한 것은 위험한 것 같아.'라는 신호를 보내게 되어, 그 결과 아동은 촉각을 자극하는 매체에 강한 저항을 보이게 된다.

이러한 감각방어는 방어를 보이는 감각에 대한 지속적이고 안전한 경험에 의해서만 통합되고 치료될 수 있다. 미술치료에서 다루는 모든 매체는 촉각 자극을 경험하게 하는 매체다. 따라서 미술치료는 감각방어를 보이는, 특히 촉각방어를 보이는 아동의 감각통합을 촉진시키고 감각방어를 줄여 주는 치료로 어떤 치료 작업보다 탁월하며 효과적이다.

미술치료사는 촉각 자극을 줄 수 있는 매체에 대해 충분히 경험하고 탐색하는 시간을 가져야 하며 그 시간을 통해 감각방어를 유발하는 매체를 순차적으로 위계화할 수 있어야 한다. 감각통합에 어려움을 보이는 아동들에게 방어를 가장 적게 일으키는 매체를 이용한 미술치료에서 시작하여 점차적으로 방어를 유발하는 매체로 노출시키며 다양한 감각을 경험하도록 유도하는 것이 감각통합 미술치료의 가장 중요한 이론이며 실제다.

함께 가기

촉각통합을 위한 감각식이

▌목 표

1. 미술치료를 통해 촉각에 민감한 아동의 촉각방어를 줄일 수 있다.
2. 미술치료를 통해 촉각에 둔감한 아동의 감각갈구를 충족시켜 촉각을 통합시킬 수
   있다.

▌단계별 적용

촉각방어와 감각갈구는 방어를 유발하거나 갈구하는 감각 자극에 지속적으로 노출
되어 그 감각을 반복해서 경험함으로 치료가 가능하다. 그러나 갑작스러운 감각 자
극에의 노출은 공포나 불안 반응을 유발할 수 있으므로 아동이 안전하다고 느낄 수
있는 감각 매체부터 서서히 노출시키는 것이 필요하다. [1단계]는 과자를 통한 다양
한 감각 탐색 과정이다. 과자의 모양을 만지고 냄새를 맡으며 씹고 부수는 소리를 듣
고 맛을 보는 등 다양한 감각을 경험하고 탐색하는 과정이다. [2단계]는 끈적거림이
있는 꿀이나 시럽 등을 직접 손으로 경험하는 단계다. 끈적거림을 회피하는 아동들
도 과자에 묻어 있는 시럽이나 소스 등에 충분히 노출되고 경험하면 별 어려움이나
저항 없이 진행할 수 있다. [3단계]는 사탕이나 껌을 이용한 작업이다. 사탕이나 껌은
침과 작용해서 끈적거림이 생기지만 달콤한 향이 있고 단맛은 심리를 이완시키는 작
용이 있기에, 회피반응을 줄이며 촉각방어를 감소시키기 위해 노출시키는 매체로 아
주 효과적이다.

1단계

과자 매체 경험하기

▌**준비물**

다양한 과자, 요플레, 도화지, 붓, 색연필

▌**활동방법**

1. 다양한 과자의 모양을 살펴보고, 만져 보고, 냄새를 맡아 보고, 먹어 보며 과자 매체를 탐색한다.
2. 도화지 위에 과자를 놓고 손가락으로 비비기, 손으로 주무르기, 누르기, 문지르기, 주먹으로 두드리기 등의 다양한 방법으로 부순다.
3. 도화지 위에 색연필로 나무나 집 등 그리고 싶은 것을 그린다.
4. 그림 위에 붓으로 요플레를 넓게 펴 바른다.
5. 펴 바른 요플레 위에 과자 부스러기를 뿌려 그림을 완성한다.

과정 1. 과자 부수며 경험하기

과정 2. 붓으로 요플레 바르기

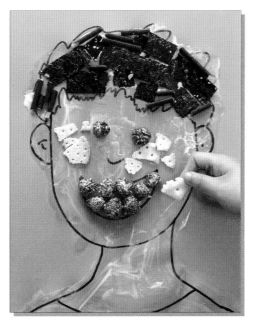

과정 3. 과자 뿌리기

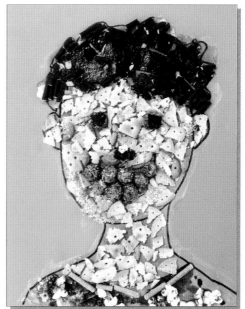

과정 4. 완성 작품

┃Tip

1. 그림을 그리지 못하거나 과자 부스러기만으로 그림이나 형태를 만들기 어려운 아동일 경우에는 치료사가 밑그림을 그려 놓고 그 위에 뿌리는 작업으로 진행하는 것이 바람직하다.

2. 장애 아동과 프로그램을 진행할 경우 과자를 미술 매체로 사용하면 추후 미술치료 작업 중 먹지 못하는 매체 역시 먹는 것으로 오해할 수 있다. 따라서 매체 탐색 시간에 과자를 맛보고 먹어 보는 것 외에 미술치료 시간에는 과자를 먹지 않도록 지도가 필요하다.

3. 아동에 따라 요플레 같은 유제품이나 특정 과일이 함유된 과자는 두드러기나 알레르기를 유발할 수 있으므로 치료 시 직접 만지거나 섭취할 경우 치료 전 부모님께 반드시 확인하도록 한다.

4. 과자 부스러기를 형태 안에 뿌리는 작업은 시각-협응과 소근육 기능 향상에도 도움이 된다.

끈적거림이 있는 매체 경험하기

▌준비물

과자, 끈적거림이 있는 매체(시럽이나 꿀, 또는 초코시럽이나 소스), 도화지, 연필

▌활동방법

1. 도화지 위에 과자를 올려놓고 손가락 또는 손바닥, 주먹 등으로 다양하게 부순다.

2. 도화지 위에 자신이 좋아하는 사물, 사람, 또는 풍경 등 그리고 싶은 것을 생각한다.

3. 도화지에 연필로 그리고 싶은 것을 그린다.

4. 도화지 위에 연필로 그린 그림의 테두리 선 안쪽 면에 손가락을 이용하여 꿀이나
   시럽 등을 넓게 펴 바른다.

5. 펴 바른 꿀이나 시럽 위에 과자 부스러기를 뿌려 그림을 완성한다.

6. 과자 부스러기를 뿌려 꾸민 사물의 바깥쪽 면에 손가락과 손을 이용하여 꿀이나 초
   코시럽 등을 넓게 펴 발라 배경색으로 표현한다.

완성 작품 1: 커피를 뿌린 풍경

완성 작품 2: 소스를 이용한 HTP

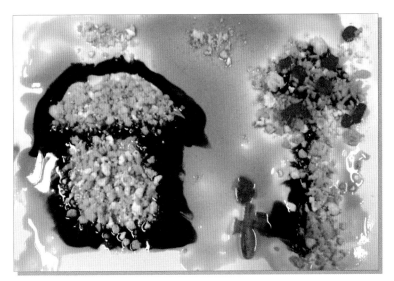

완성 작품 3: 초코시럽을 뿌린 집

완성 작품 4: 캐러멜 소스 꽃밭

▮ Tip

1. 과자 부스러기를 만질 수 있을 정도로 촉각에 대한 방어가 줄었고 요플레를 손가락으로 붓처럼 바르는 데 저항이 없는 아동이라면 마요네즈나 케첩 등 유사한 점성을 가진 매체로 작업을 시도해 본다.

2. 촉각에 방어를 보이는 아동 중에는 냄새나 향기에 아주 민감하게 반응하는 후각방어를 함께 보이는 아동들도 많다. 촉각방어와 후각방어를 함께 가진 아동의 경우에는 아동이 더 민감하게 반응하는 감각을 우선적으로 선택하여 방어 증상을 덜 보이는 수준에서부터 순차적이고 지속적으로 감각 자극을 경험할 수 있도록 프로그램을 고안하는 것이 중요하다.

3. 촉각방어 및 여러 가지 감각에 방어를 가진 아동의 감각통합을 돕기 위한 감각식이 (sensory diet)는 각성화하고, 조직화하고, 진정시키는 활동들을 균형 있게 포함시켜야 하며, 우리가 하루 세 끼의 식사를 하듯 매일 일정한 시기, 일정한 횟수로 제공되도록 계획하여야 효과적이다.

---

1) 작품 1, 2, 3, 4: 영남대학교 환경보건대학원 미술치료학과 2015년 봄학기 발달장애세미나 수강생들의 실습 작품

끈적거림이 심한 매체 경험하기

█ 준비물

사탕, 고무망치, 지퍼백, 도화지, 사인펜

█ 활동방법 1.

1. 도화지 위에 사인펜으로 그리고 싶은 사물이나 풍경 등 그림을 그린다.

2. 다양한 종류의 사탕을 준비해서 아동과 함께 사탕의 모양을 만져 보고 냄새도 맡아 보고 맛도 보는 등 탐색의 시간을 가진다.

3. 같은 색의 사탕 3~4개를 고른 후 사탕 껍질을 벗겨 지퍼백 안에 넣는다.

4. 고무망치나 돌, 나무 블록 등을 이용하여 지퍼백 안에 넣은 사탕을 두드려 깨서 작은 조각이나 가루로 만든다.

5. 그려 놓은 그림 위에 손가락을 이용하여 사탕가루를 뿌려 채색 효과를 낸다.

과정 1. 그림 그리기

과정 2. 망치로 사탕 부수기

과정 3. 사탕가루 뿌리기

과정 4. 완성 작품

▌준비물

풍선껌, 도화지, 사인펜, 색연필

▌활동방법 2.

1. 도화지 위에 그리고 싶은 사물이나 풍경을 그린다.

2. 다양한 종류의 껌을 준비해서 아동과 함께 냄새도 맡아 보고 씹어도 보고 입으로 풍선도 불어 보는 등 탐색 시간을 가진다.

3. 다양한 색상의 풍선껌을 씹어서 단물이 남아 있을 때 손에 뱉는다.

4. 뱉은 껌을 손가락으로 주물러 넓게 퍼거나 뭉치고 또는 돌돌 말아 그려 놓은 그림에 모양을 만들어 붙인다.

5. 완성된 작품을 보며 제목을 만든다.

6. 껌을 손으로 만져 본 느낌과 씹던 껌을 이용해 그림을 꾸민 활동을 하며 느낀 점에 대해서 이야기 나눈다.

완성 작품: 풍경

▌준비물

풍선껌, OHP필름, 유성매직 또는 네임펜

▌활동방법 3.

1. 풍선껌을 씹는다. 단물이 있을 때 뱉어서 손으로 주무르거나 펴서 모양 만들기를 해 보며 끈적거림에 대해 탐색한다.

2. 넓게 편 풍선껌을 돌돌 말거나 주물러 모양을 만들거나, 뭉쳐서 조금씩 뜯어낸 다음 다양한 모양으로 늘이거나 붙여서 OHP필름 위에 붙인다.

3. OHP필름 위에 붙여 놓은 풍선껌을 보며 떠오르는 장면이나 상황을 유성매직이나 네임펜으로 껌 주변이나 배경에 그려서 그림을 완성한다.

4. 완성된 작품을 보며 제목을 만든다.

5. 활동 후 느낀 점에 대해서 이야기 나눈다.

완성 작품: 소풍

┃Tip

1. 사탕가루는 실온에서 서서히 녹기 때문에 밑그림 위에 요플레나 풀처럼 점성이 있는 것을 별도로 바르지 않아도 떨어지지 않는다. 만약 실내가 너무 건조해서 그림 위에 뿌려 놓은 사탕가루가 떨어지거나 날릴 것 같으면 분무기에 물을 담아 한두 번만 가루 위에 뿌려 놓으면 된다.

2. 그림 위에 뿌려 놓은 사탕가루는 시간이 흐르면서 조금씩 녹고, 사탕가루가 녹으면 얼음 표면처럼 반짝거림이 생겨서 작품의 완성 효과가 더 두드러져 보인다.

3. 껌은 단물의 함유 정도에 따라 끈적거리고 달라붙는 정도가 크게 차이 나기 때문에 치료사는 반드시 어느 정도 껌을 씹다가 뱉는 것이 가장 손에 붙지 않아 작업하기 좋은 상태인지를 미리 파악하고 있어야 한다.

2 풀로 그리기

▌목 표

1. 풀 그림 그리기를 통해 끈적거리는 매체에 대한 방어를 줄일 수 있다.
2. 풀로 문질러 그리기, 짜서 그리기, 뿌려서 그리기, 쏟아부어서 그리기 등 다양한 표현 방법을 통해 심리적 이완과 미술활동이 주는 즐거움을 경험할 수 있다.

▌단계별 적용

[1단계]에서는 촉각방어가 있어서 크레파스와 같은 채색 매체가 손에 묻는 것을 싫어하는 아동이 끈적거림이 있는 매체를 직접 만지지는 않지만 시각적으로 아름다운 색감을 느끼며 신체 활동을 통한 즐거움을 동시에 경험할 수 있도록 도와준다. [2단계]는 소근육 기능이 낮고 손으로 쥐는 힘이 약한 아동에게 비닐에 들어 있는 물컹하고 끈적거리는 풀을 간접적으로 경험하도록 해서 촉각방어를 줄이며 소근육 기능을 향상시킬 수 있도록 돕는 활동이다. 이 단계의 쥐어짜거나 뿌리는 활동은 스트레스 감소나 심리적 이완을 목적으로 활용할 수 있다. [3단계]는 감각방어가 완화되거나 줄어들어 풀을 직접 손으로 만질 수 있는 아동을 대상으로 한다. 일회용 비닐장갑을 이용해 다양한 풀 흘리기 작업을 즐겁게 경험하고 직접 풀을 만지고 문지르는 작업을 시도해 본다. 핑거페인팅 작업은 통제력이 낮은 매체를 사용하므로 치료 초기에 감정을 이완하고 친밀감을 조성하며 아동이 치료사와의 신뢰 관계를 맺는 데 용이한 작업이다.

색 물풀 그림

▌준비물

나무젓가락, 도화지, 수채화 물감, 물풀, 사인펜

▌활동방법

1. 물풀의 뚜껑과 속뚜껑 보호캡을 열고 수채화 물감의 한 가지 색을 골라 약지 손톱 크기만큼 물풀의 통 속에 짜 넣는다.
2. 나무젓가락으로 물풀과 수채화 물감이 잘 섞이도록 충분히 젓고 속뚜껑을 닫는다.
3. 같은 방법으로 몇 가지 색의 물풀을 만든다.
4. 색 물풀을 연필처럼 쥐고 도화지 위에 자유롭게 선을 긋고 도형도 그리며 다양하게 표현한다.
5. 새로운 도화지에 그리고 싶은 풍경이나 상황 등을 밑그림으로 미리 그려 놓거나 물풀로 바로 그린 후 다양한 색 물풀을 이용하여 채색하며 꾸민다.

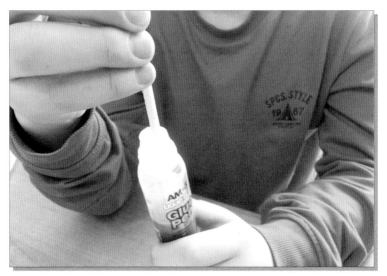

과정 1. 색 물풀 만들기

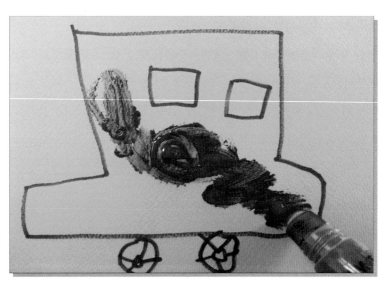

과정 2. 색 물풀로 그리기

완성 작품 1: 동물원

완성 작품 2: 봄날[2]

---

2) 영남대학교 환경보건대학원 미술치료학과 2015년 봄학기 발달장애세미나 수강생들의 실습 작품

▌Tip

1. 물감과 물풀이 섞이면 수분이 감소하고 뭉친다. 경험적으로 특히 노란색의 뭉침이 심하다.

2. 수채화 물감을 섞은 물풀은 3~4주가 지나면 딱딱하게 굳거나 많이 뭉쳐서 사용하기 힘들기 때문에 풀 그림 작업을 할 때 새 물풀보다는 사용하다 남은 물풀을 사용하여 만들어 놓은 색 물풀이 남지 않도록 하는 것이 좋다.

짤주머니 풀 그림

▌준비물

비닐 짤주머니, 작품 〈해바라기 노을〉, 도화지, 물감, 크레파스, 물풀

▌활동방법

1. 작품 〈해바라기 노을〉을 보고 감상한다.

2. 감상한 작품을 크레파스로 도화지에 보고 그린다.

3. 짤주머니 안에 물풀을 붓고 붉은색 물감을 짜 넣은 후 짤주머니를 손으로 주무르거나 짤주머니 위를 묶은 다음 위아래로 여러 번 흔들어서 붉은색 물풀을 만든다.

4. 감상 작품에는 노을이 파란색으로 표현되어 있는데, 짤주머니 끝에 작은 구멍을 낸 후 짤주머니 속 붉은 물풀을 파란색 노을 위에 짜서 노을의 색이 붉게 바뀌도록 칠한다.

5. 감상 작품과 자신의 작품을 비교해 보고, 색이 바뀐 노을과 풍경에 대해서 이야기 나눈다.

6. 활동과정 중 느낀 점에 대해서 이야기 나눈다.

과정 1. 감상. 토드 그럽(Tod Grubbs)의
〈해바라기 노을(Sun Flower Sunset)〉[3]

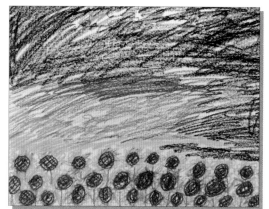

과정 2. 작품 보고 그리기

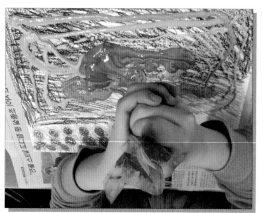

과정 3. 짤주머니 풀로 그리기

과정 4. 노을의 색이 바뀐 작품

---

3) 출처: http://smithsonianmag.tumblr.com/post/92235221628/smithsonian-photo-of-the-day

비닐장갑 핑거페인팅

▌준비물

일회용 비닐장갑, 고무줄, 밀가루 풀(밀가루 70g, 물 5컵), 전지, 수채화 물감, 붓

▌활동방법

1. 치료사는 밀가루 70g과 물 5컵을 섞어서 약한 불에서 끓여 밀가루 풀을 만들어 놓는다.

2. 식힌 밀가루 풀에 수채화 물감을 섞어 각각 다른 색의 밀가루 풀을 만들어 일회용 비닐장갑 손가락 부분에 붓는다.

3. 전지를 펴 놓고 그 위에서 밀가루 풀이 들어 있는 비닐장갑의 손목 부분을 고무줄로 잘 묶는다.

4. 비닐장갑의 손가락 끝에 아주 작은 구멍을 뚫어 비닐장갑을 쥐고 밀가루 풀을 전지 위에 마음대로 뿌리거나 짠다.

5. 전지 위에 뿌린 밀가루 풀을 일회용 비닐장갑을 착용한 상태에서 만져 보고 문질러 보며 감촉을 느낀다.

6. 일회용 비닐장갑을 벗고 붓으로 풀 위에 그림을 그린다.

7. 아동이 싫어하지 않는다면 일회용 비닐장갑을 벗고 맨손으로 풀을 문지르며 핑거페인팅 작업을 한다.

8. 핑거페인팅을 경험하며 느낀 점에 대해서 이야기 나눈다.

과정 1. 비닐장갑 풀 짜기

과정 2. 비닐장갑 착용하고 그리기

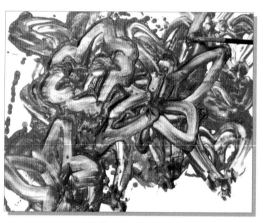

과정 3. 붓으로 그리기

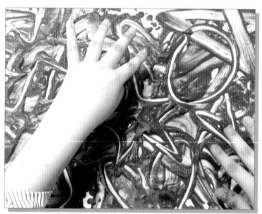

과정 4. 손으로 그리기

▎Tip

1. 밀가루 풀을 직접 만들 때는 불을 사용해야 하고 뜨거운 풀이 아동에게 위험할 수 있으므로 치료사는 미리 밀가루 풀을 만들어 놓는다. 식힌 밀가루 풀로 색 풀을 만들 때는 아동과 함께 아동이 원하는 색을 골라 만들어 촉각방어에 대한 거부감을 줄이고, 다양한 색상을 통해 아동에게 시각적으로 아름다운 색감을 느끼도록 할 수 있다.

2. 밀가루 풀을 직접 만들기 어려운 경우 시판하는 도배풀을 이용하거나 연유처럼 풀과 유사한 점성이 있는 매체를 이용할 수 있다.

3

끈 난화로 끈적거림 즐기기

▌목 표

1. 끈 난화를 통해 촉각방어를 줄일 수 있다.
2. 끈 난화 작업과 다양한 매체 경험을 통해 감각통합을 이룰 수 있다.

▌단계별 적용

[1단계는 촉각방어가 있는 아동들이 지퍼백 안에 들어 있는 노끈을 만져 감각을 느껴 보고, 로션이 담긴 지퍼백을 주무르고 문지르는 활동을 통해 촉각방어를 줄일 수 있는 감각통합 작업이다. [2단계]는 코팅지 접착면에 노끈을 붙여서 만든 난선에서 상징과 이미지를 찾는 활동이다. 코팅지 접착면은 끈적거림이 손에 남거나 달라붙는 정도는 아니지만 접착면에 물체를 붙일 때 끈적임에 자연스럽게 노출되어 촉각방어를 줄일 수 있다. 가늘게 찢은 노끈이 잘 붙는다. 코팅지는 투명하기 때문에 만들어진 작품을 유리창이나 햇빛이 드는 곳에 붙여 두면 스테인드글라스 효과까지 얻을 수 있어, 아동들이 아주 즐거워하는 활동이다. [3단계]에서는 점토 중에서 가장 가볍고 손에 덜 묻는 점토(예를 들어, 천사점토나 아이클레이)를 사용한 난화 활동을 한다. 하얀색 천사점토나 아이클레이에 여러 가지 색의 지끈을 눌러 박아 난선을 만드는 활동은 시각–협응 기능을 향상시킬 수 있고, 천사점토와 아이클레이의 부드럽고 말랑거리는 느낌은 촉각방어가 있는 아동에게 촉각이 주는 좋은 느낌을 경험할 수 있게 도와줄 수 있다.

지퍼백 고무줄 난화

▌준비물

로션, 지퍼백, 검정 고무줄, 유성매직

▌활동방법

1. 지퍼백 안에 1/3 정도 채워지도록 로션을 담고 검정 고무줄을 몇 줄 넣어 지퍼백을 잘 닫는다.

2. 로션이 담긴 지퍼백을 책상 위에 놓고 지퍼백 바깥 면에서 손으로 만져 로션이 담긴 지퍼백의 물컹하고 부드러운 느낌과 고무줄의 가늘고 탄성 있는 느낌을 느껴 본다.

3. 지퍼백 안에 든 고무줄을 만져 가며 조금씩 움직여서 고무줄로 난선을 만든다.

4. 지퍼백 안에 있는 고무줄이 만들어 낸 난선을 만지면서 볼 때 떠오르는 사물이나 상징 등을 찾는다.

5. 고무줄 난선에서 찾아낸 사물이나 상징을 지퍼백 위에 유성매직으로 그리고 색칠하여 난화를 완성한다.

6. 난화를 보며 떠오르는 제목을 붙인다.

7. 이야기 꾸미기가 가능한 아동은 찾은 사물이나 상징으로 이야기를 만들고 제목도 붙인다.

8. 활동 후 느낀 점에 대해서 이야기 나눈다.

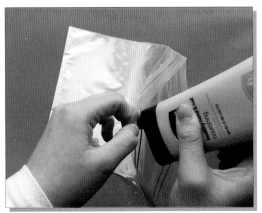

과정 1. 지퍼백에 로션 담기

과정 2. 고무줄 넣기

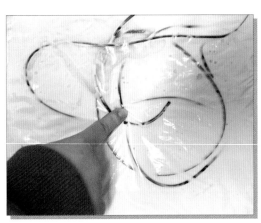

과정 3. 감각 느끼기

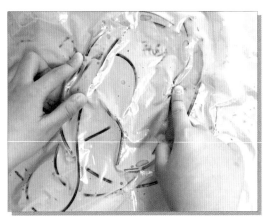

과정 4. 고무줄로 난선 만들기

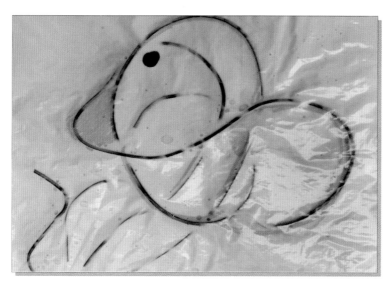

완성 작품 1: 병아리

완성 작품 2: 아이와 상어

▎Tip

1. 로션을 담고 지퍼백을 닫을 때 공기를 최대한 빼고 지퍼백이 부풀지 않도록 해서 로션 속에 잠긴 검정 고무줄이 잘 보이도록 한다.

2. 흰색 로션을 사용할 수도 있지만 분홍색, 노란색, 연주황색이나 살구색 로션을 사용해서 시각적 대비 경험을 할 수 있도록 도와줄 수 있다.

3. 로션이 든 지퍼백 안에서는 검정 고무줄이 눈에 잘 띄기는 하지만, 노란 고무줄 또는 하얀 고무줄 등 색이 있는 고무줄을 사용해도 좋고, 머리를 묶는 고무줄 등 다양한 종류의 고무줄을 사용할 수도 있다.

코팅지 노끈 난화

▌준비물

손코팅지, 빨간 노끈, 유성매직

▌활동방법

1. 빨간 노끈을 40~50cm 길이로 자른 후 길이 방향으로 가늘게 찢는다.

2. 손코팅지의 비닐을 벗겨 낸 후 비닐을 다시 사용할 수 있도록 잘 보관한다.

3. 비닐을 벗겨 낸 손코팅지의 접착면에 찢어 놓은 노끈을 자유롭게 붙인다.

4. 여러 선이 겹쳐지면서 난선이 만들어지면 벗겨 놓은 비닐을 다시 붙인다.

5. 난화 그리기 작업처럼 노끈 선이 만들어 낸 난선을 보며 떠오르는 사물이나 상징
   을 찾아 코팅지 면 위에 유성매직으로 그림을 그린다.

6. 난화를 보며 떠오르는 제목을 붙인다.

7. 이야기 꾸미기가 가능한 아동은 찾은 사물이나 상징으로 이야기를 만들고 제목을
   붙인다.

8. 활동 후 느낀 점에 대해서 이야기 나눈다.

과정 1. 노끈 찢기

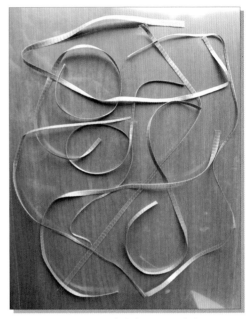

과정 2. 코팅지에 노끈 붙이기

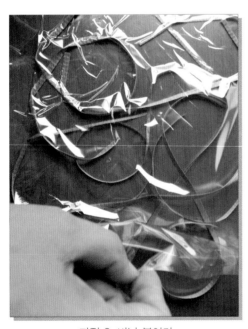

과정 3. 비닐 붙이기

과정 4. 이미지 그리기

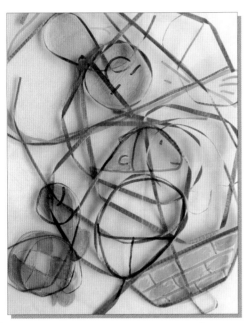

완성 작품 1: 눈사람의 바다 여행⁴⁾

완성 작품 2: 엄마와 아기

4) 동의대학교 일반대학원 가정보육상담학과 2015년 봄학기 미술매체특론 수강생의 실습 작품

▍Tip

1. 코팅지 비닐을 벗겨 접착면 쪽으로 창문이나 햇빛이 비치는 곳에 붙여 놓으면 햇빛이 비칠 때 스테인드글라스의 효과를 얻을 수 있다.
2. 자신의 작품을 사람들이 드나드는 치료실 창가나 문에 붙여 두면 자존감 향상의 효과도 기대할 수 있다.

예시 1. 창에 붙인 노끈 난화

예시 2. 창에 붙인 노끈 난화[5]

5) 영남대학교 환경보건대학원 미술치료학과 2015년 봄학기 발달장애세미나 수강생의 실습 작품

색지끈 난화

▌준비물

색지끈, 손에 붙지 않는 점토(천사점토 또는 아이클레이), 찰흙 밀대, 유성매직

▌활동방법

1. 바닥에 손에 붙지 않는 점토(천사점토 또는 아이클레이)를 놓고 손바닥이나 밀대를
   이용하여 얇고 편평하게 눌러서 클레이판을 만든다.
2. 납작하고 편평한 점토판 위에 색지끈을 자유롭게 꾹꾹 눌러 넣어 색지끈이 점토에
   박혀 난선이 만들어지도록 한다.
3. 색지끈이 겹쳐지며 만들어진 난선을 보며 떠오르는 사물이나 상징을 찾아 유성매
   직으로 그림을 그린다.
4. 난화를 보며 떠오르는 제목을 붙인다.
5. 이야기 꾸미기가 가능한 아동은 찾은 사물이나 상징으로 이야기를 만들고 제목을
   붙인다.
6. 활동 후 느낀 점에 대해서 이야기 나눈다.

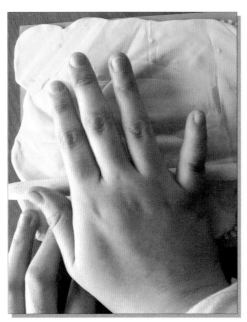
과정 1. 클레이판 만들기

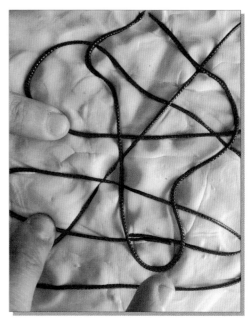
과정 2. 색지끈 눌러 넣어 난선 만들기

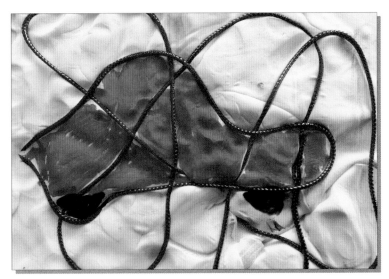

완성 작품 1: 자동차

완성 작품 2: 물고기

4 손톱 깍기

▌목 표

1. 손 본뜨기 작업을 통해 협응기능과 인지능력을 향상시킬 수 있다.
2. 감각방어가 심해 손톱 깎기에 저항이 있거나 손톱을 물어뜯는 아동에게 적절한 감각통합 기회를 제공할 수 있다.

▌단계별 적용

감각방어가 심해 손톱을 깎기 싫어하거나 반대로 감각갈구가 심해 손톱을 물어뜯는 아동을 대상으로 작업할 수 있다. [1단계]에서는 미술치료를 통해 손톱 깎는 활동을 직접 하기 전에 손 꾸미기 작업을 통해, 손톱은 예쁘게 꾸미는 것이며 길어서 보기 싫거나 불편해지면 깎아야 하는 것임을 인지적으로 알게 도와준다. [2단계]는 자신의 손을 본뜬 종이 손에 손톱을 꾸미고 그 손톱을 실제 손톱깎이로 직접 깎아 보는 작업을 통해 손톱깎이를 다루는 방법을 배우고, 종이를 깎을 때 나는 소리를 경험하며, 실제 자신의 손톱도 깎아 보고 싶은 호기심을 자극하는 활동이다. [3단계]는 실제 손톱과 유사한 네일택에 매니큐어를 칠하듯 예쁘게 꾸며 보고, 손톱과 재질이 유사한 필름을 손톱깎이로 깎아 보는 활동이다. 손톱만큼 두께감이 있는 재질의 필름이나 굵은 줄도 여러 번 반복해서 오리거나 깎아 낼 수 있는 정도의 협응 기능을 연습할 수 있다.

손톱 꾸미기

▌준비물

다양한 비닐장갑 또는 고무장갑 , 다양한 스티커, 색도화지, 유성매직, 사인펜

▌활동방법

1. 손과 손톱 모양을 관찰해 보고 '손가락이 길고 짧다.' '손톱이 길었다.' 등의 개념
   에 대해서 이야기 나눈다.
2. 색도화지에 자신의 왼손을 올려놓고 사인펜으로 손을 본뜬다. 아동이 혼자 손 본
   뜨기를 할 수 없을 경우 치료사는 손 본뜨기 작업을 도와준다.
3. 손 본뜨기를 한 도화지에 손톱 모양을 그리고 다양한 스티커를 붙여서 손톱을 예
   쁘게 꾸민다.
4. 비닐장갑 또는 고무장갑 위에 유성매직으로 손톱 모양을 그린다.
5. 손톱 모양에 스티커를 붙이거나 유성매직으로 그리고 싶은 그림을 그려 손톱을 예
   쁘게 꾸민다.
6. 손톱 꾸미기가 완성된 비닐장갑이나 고무장갑을 직접 착용해서 사진을 찍고 거울
   에 비추어 보기도 하며 손톱 꾸미기의 즐거움을 경험한다.

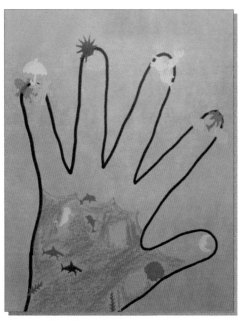
완성 작품 1: 색종이 손톱 꾸미기

완성 작품 2: 비닐장갑 손톱 꾸미기

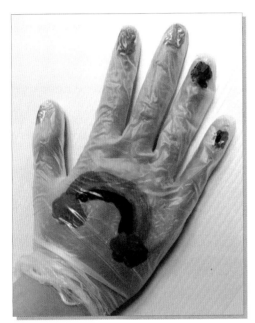

완성 작품 3: 꾸미고 착용해 보기

완성 작품 4: 고무장갑 손톱 꾸미기

2단계

종이손톱 깎기

▎준비물

손톱깎이, 매니큐어, A4용지, 검은색 사인펜, 가위

▎활동방법

1. A4용지에 자신의 왼손을 올려놓고 검은색 사인펜으로 손을 본뜬다. 아동이 혼자 손 본뜨기를 할 수 없을 경우 치료사는 손 본뜨기 작업을 도와준다.

2. 본뜬 손 모양을 따라 A4용지를 가위로 오린다. 아동 스스로 가위질을 잘하지 못하는 경우 치료사가 본뜬 손 모양을 오려 준다.

3. 본뜬 손가락에 손톱 모양을 그리고 손톱에 매니큐어를 예쁘게 색칠한다.

4. 매니큐어가 묻어나지 않을 정도로 마르기를 기다린다.

5. 손톱깎이로 종이 손톱을 깎는다.

6. 종이를 손톱깎이로 깎을 때의 소리와 느낌을 표현한다.

7. 협응 기능이 좋은 아동은 손톱 모양을 뾰족하거나 볼록볼록하게 또는 물결 무늬처럼 재미있는 모양으로 깎아 본다.

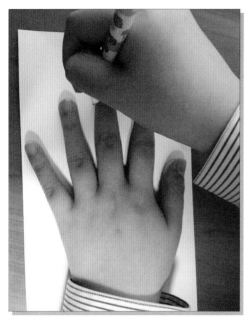

과정 1. 손 본뜨기

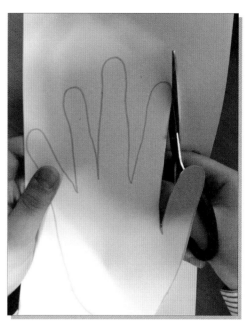

과정 2. 손 모양 오리기

과정 3. 매니큐어 칠하기

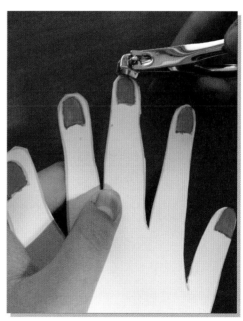

과정 4. 손톱깎이로 깎기

3단계

필름손톱 깎기

┃ 준비물

손톱깎이, OHP필름, 네일택(스티커), 유성매직, 네임펜, 가위

┃ 활동방법

1. OHP필름 위에 자신의 왼손을 올려놓고 네임펜으로 손을 본뜬다. 아동이 혼자 손 본뜨기를 할 수 없을 경우 치료사는 손 본뜨기 작업을 도와준다.

2. 본뜬 손 모양을 따라 OHP필름을 가위로 오린다. 아동 스스로 가위질을 잘하지 못 하는 경우 치료사가 본뜬 손 모양을 오려 준다.

3. 시판하는 네일택을 준비해서 사용해 본 경험이 있는지, 만져 보고 살펴보면서 어 떤 느낌이 드는지 이야기 나눈다.

4. 네일택(스티커) 위에 유성매직으로 예쁘게 손톱을 꾸민다.

5. OHP필름에 본뜬 손의 손가락에 꾸민 손톱을 붙인다.

6. 네일택이 붙은 OHP필름의 손톱 모양을 따라 손톱깎이로 여러 번 반복해서 깎는다.

7. 네일택을 자신의 손톱에 붙인 후 네일택과 자신의 손톱을 깎는다.

8. 자신의 손톱을 깎을 수 있다면 치료사의 손톱도 깎아 줄 수 있는지 물어보고, 깎을 수 있다면 다른 사람의 손톱을 깎아 주는 경험도 해 본다.

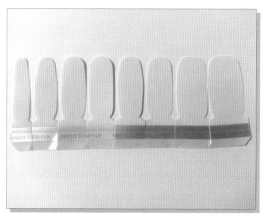

매체. 시판 네일택

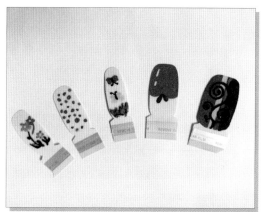

과정 1. 네일택 꾸미기

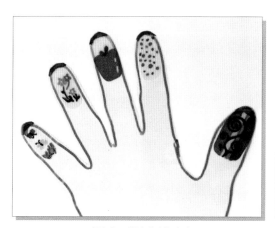

과정 2. 네일택 붙이기

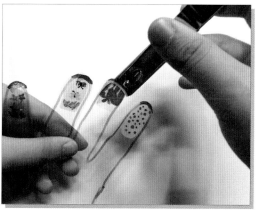

과정 3. 필름손톱 깎아 보기

과정 4. 네일택 깎아 보기

과정 5. 내 손톱 깎아 보기

시지각장애

시지각장애와 만나는 4월, 5월, 6월

알고 가기

짚고 가기

함께 가기

▌알고 가기

1. 시지각장애 정의

1) 시지각(Visual Perception)

지각(perception)이란 '자극들을 인지하는 능력'으로, 외부환경으로부터 그리고 자신의 신체로부터 일어나는 감각적 인상(sensory impressions)을 받아들이고, 이 감각적 인상을 선행경험과 관련시켜 해석하고 확인하는 잠재능력이다(여광응, 1995). 이러한 자극들은 감각 수용기관을 거쳐 두뇌에서 인식하고 해석하는데, 다양한 감각양식 중 시각과 청각이 많이 쓰이고 있으며, 특히 시각이 환경 지각에서 더 중요시되고 있다.

시지각은 시각 자극을 조직하여 의미 있게 재해석하는 과정으로, 인간에게 중요한 감각기관인 시각이 자극을 인지하는 능력인 지각 중 특히 환경의 지각과 관련하여 사용하는 능력(여광응, 2001)이다.

2) 시지각 하위영역별 기능

시지각의 구성요소를 5개 영역으로 나누어 제시하기도 하고, 시지각 기능 검사를 위한 7개 하위영역으로 구성하기도 한다. 문자학습 발달과 밀접하게 관련되어 있는 시지각 하위영역은 다음과 같다.

(1) 시각-운동 협응(Visual-Motor Coordination)

눈의 시각정보와 손의 운동정보가 효율적으로 적응하여 움직이는 능력으로 일상에서 흔히 사용되는 자조능력 기술이나 운동 기술의 기초가 된다.

(2) 시각변별(Visual Discrimination)

형태를 식별하는 것으로 비슷한 도형들 가운데서 하나의 사물 또는 똑같은 도형을 찾아낼 수 있는 능력이다.

(3) 시각기억(Visual Memory)

각각의 형태를 기억하는 것으로 주어진 형태의 모든 특성을 즉각적으로 회상하기 위해 기억하는 능력과 비슷한 도형들 중에서 기억한 형태를 찾아낼 수 있는 능력이다.

(4) 공간지각(Perception of Space)

형태의 방향을 정확하게 아는 것으로 공간에서 사물의 위치를 지각하고 같은 모양의 형태 가운데서 방향이 달라진 것을 찾아내는 능력이다.

공간위치 지각이 발달한 후에 물체와 물체의 관계를 아는 공간관계 지각이 발달한다.

① 공간위치 지각(perception of position in space: PS): 관찰자를 중심으로 하여 관찰자와 물체의 관계를 또는 물체와 물체의 관계를 지각하는 능력이다.
② 공간관계 지각(perception of spatial relationships: SR): 둘 또는 그 이상의 물체들 상호 간의 위치와 자기 자신과 물체의 위치를 지각하는 능력이다.

(5) 항상성 지각(Perception of Constancy)

감각 표면에 비치는 상이 다양함에도 불구하고 형, 위치, 크기와 같이 변하지 않는 속성을 가지고 있는 것으로 어떤 물체를 지각하는 능력이다.

① 형태 항상성: 크기가 다르고 색깔과 위치와 모양, 모습, 상태가 달라도 어떠한 특정한 형의 종목에 속하는 동일한 물체로 인지하는 능력이다.
② 크기 항상성: 어떤 물체의 외견상 크기를 변화시키는 요인에 관계없이 물체의 실

제 크기와 같은 크기로 인식하는 능력이다.

③ 밝기 항상성: 물체에 의해 반사된 빛의 양에는 관계없이 조도가 변하여도 물체의 밝기와 같은 것으로 판단하는 능력이다.

④ 색채 항상성: 배경이나 조명상태(밝은 곳, 어두운 곳)에 관계없이 어떤 사물이 갖고 있는 색을 동일한 색으로 인지하는 능력이다.

(6) 순차기억(Visual Sequential Memory)

연속적으로 되어 있는 형태를 기억하는 것으로 여러 개의 다른 형태 중에서 어떤 형태를 즉각적으로 회상하기 위해 기억할 수 있는 능력이다.

(7) 도형배경(Visual Figure-Ground)

다른 형태들 가운데 주어진 형태를 찾아내는 것으로 시각적으로 형태를 인식하고 밀집된 배경 안에 숨겨진 형태를 찾아내는 능력이다.

(8) 시각통합(Visual Closure)

형태의 일부분으로부터 전체 형태를 알아낼 수 있는 것으로 여러 개의 불완전한 도형으로부터 완전한 형태가 되었을 때 똑같아지는 도형을 찾아내는 능력이다.

3) 시지각장애

시지각의 하위영역인 시각-운동 협응, 시각변별, 시각기억, 공간지각, 항상성 지각, 순차기억, 도형배경, 시각통합 기능에 장애를 가지는 것을 의미한다.

시지각의 장애는 사물의 인지, 공간에서 사물의 상호관계 인지 등에 어려움을 야기하거나 학습부진의 원인이 될 수 있다. 그러므로 시지각은 후속학습의 기초가 될 뿐만 아니라 학습준비기술로서 교과학습 이전의 기초과제로 중요한 기능을 한다(국립특수교육원, 2009).

2. 시지각장애 특성

1) 시지각 하위영역별 기능 장애의 특성

(1) 시각-운동 협응

시각-운동 협응에 결함이 있는 아동은 옷 입기나 단순한 집안일 등 다양한 환경의 요구에 대한 적응과, 게임이나 놀이 활동에 한계를 가진다. 또한 문자학습 이전 단계의 자르기, 붙이기 등 수지기능에 특히 어려움이 있고, 폭이 넓은 길과 폭이 좁은 길을 따라 직선이나 곡선 혹은 꺾이는 선, 점과 점을 곧게 연결하는 선 등 다양한 선을 긋는 데 어려움을 보인다.

(2) 시각변별

하나의 사물을 다른 것과 변별하는 것에 결함이 있어서 비슷해 보이는 글자와 단어 또는 숫자를 구별하는 데 어려움이 있다.

(3) 시각기억

자극의 형태를 기억하는 것 또는 자극의 순서를 기억하는 데 어려움이 있어서 시각정보를 인식하고 생각하는 것과 시각정보를 단기기억 · 장기기억에 저장하는 것에 한계를 가진다.

(4) 공간지각

아동은 자신의 신체와 관련시켜 물체의 위치와 방향을 지각하는데, 공간위치 지각이 발달되지 않으면 공간관계 지각, 환경에 대한 위치와 방향정위에 대해 이해하는 데 어려움을 갖는다.

① 공간위치 지각: 공간위치 지각에 결함이 있는 아동은 공간위치를 나타내는 '안, 밖, 위, 아래, 앞, 뒤, 오른쪽, 왼쪽'에 대해 이해하는 데 어려움을 갖는다. 그리고 글자, 낱말, 문장, 숫자, 그림들이 왜곡되고 혼란해지기 때문에 문자학습에 어려움이 있다.

② 공간관계 지각: 공간관계 지각에 결함이 있는 아동은 낱말 안에 들어 있는 철자의 순서를 바로 지각하지 못하고, 산수문제를 풀 때 과정의 순서를 기억하지 못하며, 숫자의 상대적 위치를 지각하지 못한다. 뿐만 아니라 모형 만들기, 지도 보기, 그래프 보기 등의 과제를 해결하는 데 어려움을 갖는다.

(5) 항상성 지각

아동은 문자나 숫자가 여러 가지 형태, 크기, 색으로 변화되어 나타나면 같은 것으로 지각하기 어렵기 때문에 문자학습에 어려움을 갖는다. 형, 크기, 밝기, 색깔 중에서도 형태 항상성과 크기 항상성이 적절한 환경 적응을 위해 가장 중요하다.

① 형태 항상성에 결함이 있는 아동은 모양이나 위치 혹은 크기가 변화하면 형태를 인식하는 데 어려움을 갖고 있어서, 이미 학습한 단어를 다른 인쇄물에서는 알아보지 못한다.

② 크기 항상성에 결함이 있는 아동은 사물에 대한 실제 크기를 정확히 알지 못하고, 배경이 달라지는 경우 물건의 크기를 잘못 판단하기도 한다.

③ 밝기 항상성에 결함이 있는 아동은 물체에 의해 반사된 빛의 양이 달라지면 동일한 색채로 인지하는 데 어려움을 갖는다.

④ 색채 항상성에 결함이 있는 아동은 배경이나 조명 상태가 달라지면 사물이 가지고 있는 색의 특징을 동일한 색채로 인지하는 데 어려움을 갖는다.

(6) 순차기억

연속적으로 되어 있는 여러 개의 형태를 기억하는 데 어려움이 있어서 제시된 단어나 글자의 순서를 기억해서 쓰는 것이 불가능하여 부정확한 철자 능력을 보이고, 잘못 쓴 철자를 인식하는 것에 어려움이 있다.

(7) 도형배경

필요한 부분을 불필요한 배경자극으로부터 떼어내어 지각하는 데 결함이 있기 때문에 관련 없는 자극에 의해 혼란을 겪고 다른 형태들과 섞여 있을 때 필요한 형태를 찾아내는 능력이 부족하다.

(8) 시각통합

완전한 형체를 제공하지 않고 부분적인 단서를 제시하면 전체를 인식하는 데 어려움을 가지므로 일부만 보이는 모양 맞추기나 퍼즐 맞추기 등의 활동에서 어려움을 보인다.

2) 기타 특성

(1) 주의집중

관계없는 자극으로 시선이 가서 산만하고 주의를 지속하는 데 어려움이 있다. 불필요한 신체의 움직임으로 인해 주의집중을 쉽게 분산시킨다.

(2) 정서

실제적인 과업에 있어서 곤란을 나타내고 또래 아동의 수준과 비교되어 갈등과 수치심을 갖게 되며 교사와 부모의 기대에 따라가지 못하기 때문에 아동의 학습된 무기력을 유발할 수 있고 자아개념도 낮아진다.

(3) 학업성취

모든 학습장애 아동이 시지각 결함과 관련이 있는 것은 아니지만 시지각에 어려움이 있는 아동은 읽기, 쓰기, 셈하기 등에서 적절한 반응을 보이지 못하여 또래 아동과 같은 학습 수준에 도달하지 못한다.

짚고 가기

음식을 먹고 옷을 입으며 집을 찾아가는 등 우리가 하는 행동의 대부분은 시지각과 관련된다. 시지각은 눈·손 협응의 기초적인 기능을 의미하기도 하지만 단순히 정확하게 보는 능력만을 이야기하는 것이 아니라 자극들을 선행 경험과 관련하여 해석하는 것을 의미하기도 한다.

일상생활에 필수적인 시지각 능력은 아동들마다 다른 발달 수준을 보인다. 시지각에 문제가 있는 아동은 모든 시지각 하위영역에서 발달이 지체되어 있기도 하지만, 시지각장애를 가진 아동이라도 영역별로 심한 문제를 보이기도 하고 특정한 영역에서는 문제를 보이지 않기도 한다. 눈·손 협응에 어려움을 갖기도 하고 시각-운동속도에서 일반 아동과 차이가 많이 나는 등 발달 수준과 양상이 다양하게 나타난다. 시지각의 전반적인 기능에 제한이 있는 아동은 단순히 선 긋기 문제에서부터 본 것을 해석하고 의미를 부여하는 과정으로 나아가는 것까지 다양한 어려움이 있지만, 특정 영역 한 부분만 어려움을 보이는 아동은 시각을 통해 형태를 인식하고 변별하며 기억하는 것을 힘들어하는 등 각각의 영역에 문제가 있다.

시지각 문제는 특수아동 중 지적장애, 지체장애, 학습장애, ADHD, 자폐스펙트럼장애, 감각장애 등을 가진 아동들이 공통적으로 보이기도 하는데, 특히 지적장애, 학습장애를 가지고 있는 아이들은 시지각 문제를 가질 확률이 매우 높다.

시지각은 뇌손상, 단순한 발달 지체, 다른 원인으로 인한 것으로 그 구별 방법이 아직 없다. 하지만 원인에 관계없이 구체적이고 조직적이며 반복적인 훈련을 통해 시지각 능력이 향상될 수 있으므로 각 아동의 기능적 평가를 통하여 각 장애의 특성, 수행능력, 학습속도 그리고 개인의 시지각 수준에 맞는 적절한 치료지원 프로그램을 적용해야 한다. 시지각 훈련은 아동의 시지각 발달 수준을 정확히 진단하여 아동의 인지 수준에 맞추어 적절한 언어적 지시를 하되 구체적인 예시와 이해를 돕기 위한 시범을 보여 주는 활동을 통해 각 기능을 훈련함으로써 시지각 기능을 향상시킨다.

시지각에 문제가 있는 아동을 위한 통합적인 미술치료의 시지각 훈련활동은 근육 감각운동, 촉각훈련, 언어훈련이 통합되어 이루어지고 눈의 움직임, 큰 근육운동 협응, 작은 근육운동 협응, 평형능력의 발달, 신체상과 신체개념 및 신체도식에 대한 정확한 지각훈련에 도움이 된다. 그리고 일반적인 시지각 훈련처럼 시지각 기능 각각의 영역을 구분하여 훈련하지 않고 미술이라는 활동을 통해 다양한 영역을 함께 자극하고 경험시킴으로 시지각의 전반적인 향상을 기대할 수 있다.

그리고 미술치료를 통한 시지각 기능 향상 작업은 아동이 흥미를 가질 수 있는 매체를 사용한 자유로운 활동으로 구성되기에 훈련 위주의 프로그램보다 자신과 주변에 대해 탐색 가능하게 하고 불안을 감소시키며 정서적인 안정감을 줄 수 있다. 또한 미술치료 프로그램을 사용함으로써 시지각 능력뿐 아니라 선택적인 집중력을 향상하여 주의 지속시간을 늘릴 수 있고, 흥미 있는 활동을 통해 구체적인 작품을 완성하여 자신감을 향상할 수 있다.

함께 가기

1

시각-운동 협응(VM)

▌목 표

1. 직선, 곡선, 꺾이는 선 등 여러 가지 선과 형태를 변별하는 능력을 향상시킬 수 있다.
2. 눈과 손의 협응능력과 방향 조절력을 기를 수 있다.

▌단계별 적용

선으로 다양한 형태와 방향을 그리는 것은 시각적 변별력과 형태 인식, 기억 등 기본적인 시지각 능력과 시각-운동 협응 기능을 향상하고 통제력과 집중력을 높이는 데 도움이 되는 활동이다. [1단계]에서는 장난감 자동차로 연기를 그리는 활동으로 아동의 흥미를 유발하여 즐겁게 선을 그리도록 하고 다양한 선의 모양에 대해 탐색하여 시각-운동 협응 기능을 조절하도록 하며 공간 안에서 선의 위치 관계를 볼 수 있게 한다. [2단계]는 사진 필름을 찢어 선을 표현하는 활동으로 찢긴 모양에 따른 다양한 선과 선의 위치와 두께에 대한 개념을 익힐 수 있다. 또한 다양한 열매를 따라 그리고 색칠하며 줄기, 잎, 가지, 열매 간 공간의 위치와 배경에 대한 이해를 도울 수 있다. [3단계]는 물과 풍선을 재료로 사용하여 선을 구성하는 활동으로 선이 어디로 이어져 가야 하는지 많은 시각적 주의를 기울여 기억하고 공간 안에서 물줄기와 사람, 사물, 배경이 어떻게 구성되는지 그 관계를 알도록 돕는 활동이다.

장난감 연기 그림

▌준비물

장난감(바퀴 달린 작은 자동차), 도안(굴뚝이 있는 건물), 수채도구, 크레파스

▌활동방법

1. 다양한 선의 모양 또는 특이한 선으로 구성된 물건이나 건물은 무엇이 있는지 탐
   색한다.
2. 우세손(주로 사용하는 손)과 비우세손을 번갈아 가면서 도안(굴뚝이 있는 건물)의 각
   건물 테두리에 맞추어 크레파스로 선을 그린다.
3. 도안의 건물 벽은 각 건물 테두리 선의 모양을 반복하여 그려서 무늬처럼 채운다.
4. 장난감 자동차의 바퀴에 물감을 묻혀 굴뚝에 있는 연기를 따라 바퀴를 굴린다.
5. 굴뚝의 연기를 완성한 후, 화지의 큰 테두리를 크레파스로 그린다.
6. 활동 후 느낀 점에 대해서 이야기 나눈다.

과정 1. 건물 테두리 따라 그리기

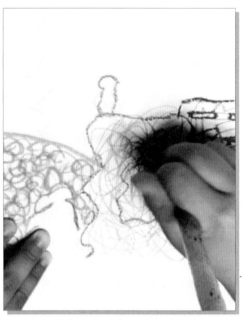

과정 2. 건물 벽 그려서 채우기

과정 3. 자동차 바퀴로 연기 만들기

과정 4. 크레파스로 테두리 그리기

완성 작품: 내 마음의 연기

▌Tip

1. 도안의 건물 테두리 선 모양과 연기 모양은 아동의 수준에 맞추어 다양한 선으로 구성하거나 제시 정도를 다르게 할 수 있다.

2. 태엽 장난감의 바닥에 물감을 묻혀 연기 모양을 그리면 주의집중에 어려움이 있는 아동의 흥미를 더욱 유발할 수 있다.

3. 활동 시 우세손과 비우세손을 번갈아 사용함으로써 양손의 균형 있는 발달을 도울 수 있다.

필름 나무 그림

▍준비물

사진 필름, 도안(나무, 다양한 열매), 색연필, 연필, 가위, 풀

▍활동방법

1. 아동이 알고 있는 나무와 열매의 종류는 무엇이 있는지 이야기 나누고, 책이나 인터넷을 통해 다양한 나무와 열매를 찾아본다.

2. 나무 도안의 나무 테두리를 따라 색연필로 선을 그린다.

3. 사진 필름을 손으로 찢어서 나무에 붙인다.

4. 다양한 열매 도안을 색칠하고 오려서 사진 필름을 붙인 나무의 가지에 각각 다른 열매를 붙인다.

5. 붙인 열매 그림을 보고 연필로 열매를 따라 그려서 색연필로 색칠한다.

6. 완성된 나무를 보고 이런 나무가 있다면 어떨 것 같은지 이야기 나눈다.

7. 활동 후 느낀 점에 대해서 이야기 나눈다.

과정 1. 나무 테두리 따라 그리기

과정 2. 사진 필름을 찢어서 붙이기

과정 3. 열매 도안 색칠하여 붙이기

과정 4. 열매 따라 그리고 색칠하기

완성 작품: 10가지 과일을 주는 나무

Tip

1. 손으로 자유롭게 찢어 붙일 수 있는 재료로 사진 필름, 은박지, 사포, 셀로판지 등을 사용할 수 있다.

2. 시각변별, 도형배경 등 기본적인 시지각 기능에 어려움이 있는 아동은 색연필 대신 굵고 선명한 사인펜이나 유성매직을 사용하면 선을 뚜렷하게 보고 구분할 수 있고, 색상을 다양하게 사용하기보다 색상이 대비되는 한두 가지 색(예: 빨강–청록)을 사용하는 것이 도움이 된다.

풍선 그림

준비물

풍선, 바늘, 잡지, 2절지, 투명 컵, 물, 물감, 크레파스, 가위, 풀

활동방법

1. 분수 놀이 또는 다른 물놀이를 했을 때의 모습을 생각하여 물이 움직이는 방향에 대해 탐색하고, 풍선의 종류와 용도에 대해서 이야기 나눈다.
2. 잡지에서 사람과 사물 등을 오려 분수에서 물놀이하는 모습이 표현되도록 2절지에 붙인다.
3. 분수에서 물이 뿜어져 나오는 물줄기의 모양과 방향을 크레파스로 그려서 표시하고 주변을 꾸민다.
4. 물이 담긴 풍선을 짜서 분수의 물줄기를 표현하기 위해 풍선 안에 물감을 충분히 짜고 물을 붓는다. 풍선 안에 넣는 물은 풍선을 손에 잡고 짤 수 있을 정도로 적당히 넣고 물을 넣은 풍선을 잘 묶는다.
5. 풍선 안의 물감이 섞이도록 충분히 흔든 후, 풍선의 주입구를 당겨서 주입구 밑의 늘어난 부분에 바늘로 구멍을 낸다.
6. 크레파스로 그려 놓은 분수의 물줄기 방향에 맞게 풍선을 조절하여 물을 쏜다.
7. 활동 후 느낀 점에 대해서 이야기 나눈다.

과정 1. 잡지에서 오린 사람과 사물 붙이기

과정 2. 분수의 물줄기 그리고 주변 꾸미기

과정 3. 풍선에 물감과 물 넣기

과정 4. 물감이 섞인 물풍선으로 물 쏘기

완성 작품: 파란 분수쇼

▎Tip

1. 풍선 안에 물감을 넣기 전에 풍선을 크게 불었다가 바람을 빼면 여유 공간이 많이 생겨 물감과 물을 넣기에 편리하다.

2. 풍선 주입구를 당겨 구멍을 내기 어려우면 풍선의 한 부분에 테이프를 붙이고 바늘로 구멍을 내면 풍선이 터지지 않는다.

3. 물감과 물의 비율은 3:7 정도로 하는 것이 적당한데, 연하게 하려면 물의 양을 많이 하고 진하게 하려면 물의 양을 적게 해서 색의 진하기를 조절할 수 있다.

2

항상성 지각(PC)

▌목표

1. 정확한 방향과 형태를 보는 능력과 다른 도형과의 차이를 변별하여 형태를 찾아내는 능력을 기를 수 있다.
2. 모양이나 위치 변화에도 표현하고자 하는 형을 지각할 수 있는 형의 항상성 기능을 훈련할 수 있다.

▌단계별 적용

선과 모양을 찍고 녹이고 겹치는 활동은 다양한 도형 형태 중 필요한 부분을 변별하여 찾도록 하고 정확한 방향과 형태를 구성할 수 있도록 하며 시각-운동 협응 기능 향상에도 도움이 된다. [1단계]는 우드락에 모양을 그린 뒤 위치나 방향을 스스로 정하고 순서를 기억하여 찍는 활동으로 신체 형상에 대해 지각하고 각 도형을 변별하여 기억할 수 있게 돕는다. [2단계]는 우드락에 전체 배경을 따라 그리고, 본드를 짜서 협응력을 기르고, 우드락의 선이 녹아 들어가는 것을 관찰하여 공간의 관계를 알 수 있도록 한다. 그리고 들어간 선과 전체 배경을 프로타주하여 형태와 배경에 대해 알도록 한다. [3단계]는 투명 파일에 사람 모양을 따라 똑같이 그리고 겹쳐서 형태를 인식한 후 새롭게 구성하는 활동으로, 겹쳐진 모양에서 형태를 보고 이해하여 형태가 유지되는 것을 경험할 수 있도록 한다.

1 단계

모양 찍기

▌준비물

3×3cm 조각 우드락, 전지, 이쑤시개, 수채도구, 크레파스, 연필

▌활동방법

1. 기본 도형(동그라미, 세모, 네모 등)으로 구성된 물건은 어떤 것들이 있는지 이야기 나눈다.

2. 우드락에 동그라미 모양(시계), 세모 모양(표지판), 네모 모양(자동차), 기타 모양(다이아몬드, 별, 손바닥, 발바닥)을 연필로 그리고 이쑤시개로 선을 따라 홈이 생기도록 파낸다.

3. 치료사는 전지에 아동의 신체를 연필로 따라 본뜨고, 아동은 크레파스로 치료사가 그린 연필 선을 따라 그린다.

4. 모양 우드락의 수만큼 접시에 다양한 색의 물감을 준비하고 모양 우드락을 찍을 순서와 방향을 정한다(순서의 예: 시계, 표지판, 다이아몬드, 자동차, 별, 발바닥, 손바닥).

5. 모양의 순서를 기억하여 전신 테두리에 맞추어 순차적으로 모양 우드락을 찍는다.

6. 테두리를 따라 모두 찍은 후, 순차적으로 잘 찍었는지 확인한다.

7. 활동 후 느낀 점에 대해서 이야기 나눈다.

과정 1. 이쑤시개로 우드락 모양 파기

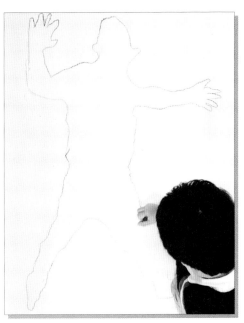

과정 2. 크레파스로 테두리 따라 그리기

과정 3. 모양 우드락에 물감 묻히기

과정 4. 순차적으로 모양 우드락 찍기

사례   ADHD, 초등2, 남학생

완성 작품: 소풍

동그라미 모양의 시계를 보고 네모 모양의 자동차를 타고 세모 모양의 표지판을 보면서 소풍을 갔다.
소풍을 가서 보물찾기를 했는데 다이아몬드와 별을 찾아서 1등을 했다. 나의 손과 발이 보물찾기를 잘
하도록 도와준 소중한 보물 같다.

▌Tip

1. 우드락 대신 지우개의 양면을 사용하여 모양을 찍을 수 있고, 모양을 파내기 어려운 아동은 판매하는 모양 도장을 사용하거나 펜 뚜껑(예: 동그라미, 세모, 네모 등)을 사용할 수 있다.

2. 우드락에 물감을 묻히는 방법으로 물감이 있는 접시에 우드락을 직접 찍을 수도 있고, 붓으로 우드락에 물감을 묻히거나 롤러를 사용할 수도 있다.

3. 모양 우드락의 순서를 기억하는 데 많은 어려움이 있는 아동은 우드락의 개수를 점차 늘려 갈 수 있다. 또한 모양 우드락의 윗면에 같은 모양의 스티커를 붙여 아동의 기억을 도울 수 있다.

2 단계

우드락 녹이기

▌준비물

A4용지 크기의 우드락, 본드, 도안(풍경), A4용지, 유성매직, 색연필, 연필

▌활동방법

1. 풍경 도안을 고른 후 고른 이유를 말하고, 추가하고 싶은 것을 도안에 그린다.

2. 고른 도안을 우드락 위에 놓고 연필로 살짝 눌러 선을 따라 그린다.

3. 우드락에 살짝 파인 선을 따라 유성매직으로 그린다.

4. 환기가 잘 되도록 창문을 열어 두고 유성매직으로 그린 선을 따라 본드를 짜서 우드락을 녹인다.

5. 본드가 마른 후, 우드락 위에 A4용지를 올리고 색연필을 비스듬히 눕혀 가볍게 색칠하여 프로타주한다.

6. 우드락의 파인 선과 프로타주한 선을 보고 모양을 비교한다.

7. 활동 후 느낀 점에 대해서 이야기 나눈다.

과정 1. 우드락 위에 도안을 놓고 따라 그리기

과정 2. 우드락에 파인 선 따라 그리기

과정 3. 그린 선을 따라 본드 짜기

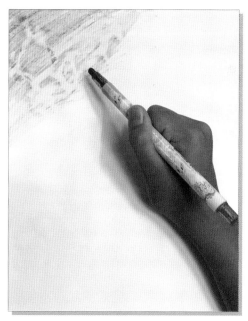

과정 4. 색연필로 프로타주하기

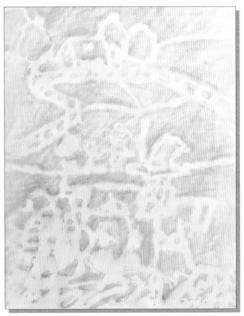

완성 작품: 가을

▌Tip

1. 우드락을 본드로 녹인 뒤 프로타주하거나 잉크를 발라 판화처럼 찍어 낼 수도 있다.
2. 도안을 우드락 위에 놓지 않고 스스로 베껴 그리도록 하여 공간지각능력을 향상할
   수 있다.

3단계

사람 형태 겹치기

█ 준비물

잡지, 서로 다른 색깔의 투명 파일 2개, 네임펜, 유성매직, 가위, 매직테이프

█ 활동방법

1. 아동은 자신이 기쁘거나 즐거울 때 하는 동작에 대해서 생각한다.
2. 잡지에서 자신이 기쁘거나 즐거울 때 하는 동작과 비슷한 자세를 취한 사람 2명을 가위로 오린다.
3. 색깔이 다른 투명 파일 안에 각각 사람 그림을 넣고 파일 위에 네임펜으로 따라 그린다.
4. 파일 안의 사람 그림을 빼고 그린 모양대로 파일을 오려 두 조각(투명 파일 앞장: 네임펜으로 테두리를 그린 조각, 뒷장: 테두리 없는 조각)이 나오게 한다.
5. 네임펜으로 테두리를 그린 조각에 잡지에서 오린 사람 그림을 보고 유성매직으로 똑같이 색칠한다.
6. 아동이 똑같이 색칠한 사람 조각을 부분적으로 겹쳐지도록 놓은 후 매직테이프를 뒤에 붙여 고정하고, 테두리 없는 조각도 똑같이 부분적으로 겹쳐지도록 놓고 고정한다.
7. 겹쳐진 밑부분을 제외하고 사람의 옷과 헤어스타일을 새롭게 꾸민다.
8. 매직테이프를 떼어 겹쳐진 부분을 살펴본다.
9. 활동 후 느낀 점에 대해서 이야기 나눈다.

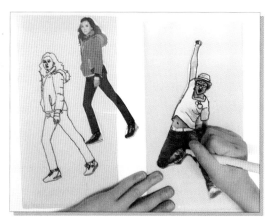

과정 1. 파일 위에 네임펜으로 사람 따라 그리기

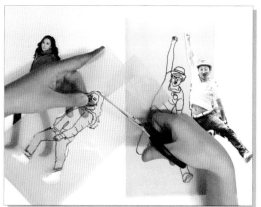

과정 2. 사람 모양 따라 파일 오리기

과정 3. 겹친 부분을 제외하고 새롭게 꾸미기

과정 4. 겹쳐진 부분 살펴보기

완성 작품: 내가 제일 잘 나가

| Tip

1. 인지 수준이 낮은 아동은 일상생활 속에서 쉽게 접하는 도형이나 과일 등을 겹쳐 형태를 인식하도록 연습하는 것이 효과적이다.

2. 색 투명 파일 대신 OHP필름, 셀로판지를 겹쳐서 사용할 수 있다.

3. OHP필름에 수정액으로 선을 그린 후, 뒷면에 물결 무늬 골판지를 겹치면 완성도 높은 작업을 할 수 있다.

예시. 바다 속의 흰 세상

3 공간관계 지각(SR)

▌목 표

1. 형태를 인식하고 다른 모양 가운데에서 형태를 찾아 분석할 수 있다.
2. 공간관계를 지각하여 일정한 공간 속에서 지속적으로 시선을 유지할 수 있는 능력을 향상할 수 있다.

▌단계별 적용

시지각 기능에서 평면적인 형태뿐 아니라 반입체 또는 입체 형태의 관계를 인식하고 변별할 수 있어야 한다. 각 단계는 다양한 재료를 통하여 다른 모양 가운데에서 형태를 찾을 수 있도록 하고 그 형태에 지속적으로 시선을 유지하도록 하는 활동으로 공간관계 지각, 시각기억, 시각−운동 협응, 시각통합에 도움이 된다. [1단계]에서는 사람 얼굴에서 얼굴 구성요소의 정확한 위치와 관계를 기억하고 거품을 불어서 거품의 이동 방향을 정확히 보도록 한다. 또 그림 위에 다른 물체가 있어서 보이지 않아도 형태가 유지되는 것을 알 수 있도록 돕는다. [2단계]는 주사기로 에어캡에 물감을 넣어서 형태를 만드는 활동으로 도형과 배경 관계를 정확히 알 수 있도록 한다. 그리고 물을 주사기에 넣을 때와 주사기를 통해 에어캡에 물을 주입하는 과정을 통해 섬세하고 지속적인 시각처리를 할 수 있도록 돕는다. [3단계]는 종이의 알맞은 위치에 펀치를 뚫고 구멍에 끈을 연결해서 장난감을 만드는 활동이다. 이는 시각적으로 입체적인 공간의 위치와 관계를 기억하여 다음 행동으로 이어지도록 한다. 입체적인 공간의 관계를 경험할 수 있도록 하고, 구성 유추를 통해 시각통합을 돕는다.

거품 불어 찾기

▌준비물

주방세제, 거품을 낼 수 있는 그릇, 빨대, 도안(다양한 표정의 얼굴), 수채도구, 크레파스

▌활동방법

1. 얼굴 구성요소에 따른 표정에 대해서 탐색한다(예: 눈썹 끝을 올리면 화가 난 듯 보인다.).

2. 도안(다양한 표정의 얼굴)을 보고 크레파스로 테두리를 따라서 얼굴을 그리고 표정을 꾸민다.

3. 거품을 낼 수 있는 그릇에 물, 세제, 물감을 풀어서 거품을 낸다.

4. 거품을 도안 위에 올리고 아동이 빨대를 불어서 얼굴에 있는 거품을 제거하여 어떤 표정의 도안이며 표정의 특징은 무엇인지 이야기한다.

5. 얼굴의 특정 부분만 보이게 하거나 보이지 않게 하도록 규칙을 정하여 거품 제거하기 게임을 한다.

6. 활동 후 느낀 점에 대해서 이야기 나눈다.

과정 1-1. 도안 따라 그리고 얼굴 꾸미기

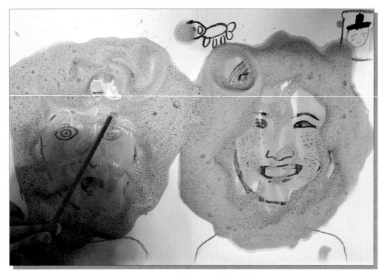

과정 2-1. 빨대로 거품 불기

완성 작품: 웃는 얼굴이 더 좋아!

과정 1-2. 도안 따라 그리고 얼굴 꾸미기

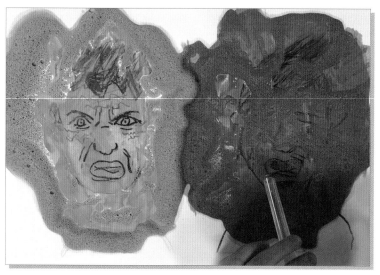

과정 2-2. 빨대로 거품 불기

완성 작품: 화내면 슬퍼요

▌Tip

1. 얼굴에 주름이나 머리카락을 많이 그려서 표현하면 거품을 제거할 때 다양한 선이 보여서 시각적인 효과를 줄 수 있다.

2. 다양한 길이, 굵기의 빨대로 바람의 세기와 거품의 방향을 조절할 수 있는 아동은 입으로 거품을 불어 방향을 조절하도록 할 수 있다.

3. 빨대로 불어 얼굴 표정을 찾는 작업은 의사소통장애 아동이나 호흡 훈련이 필요한 아동에게도 도움이 된다.

에어캡 물감 채우기

▌준비물

에어캡, 주사기, 수채도구, 유성매직

▌활동방법

1. 간단한 도형으로 구성할 수 있는 그림을 생각하고 에어캡과 주사기의 용도에 대해서 이야기 나눈다.

2. 에어캡에 유성매직을 사용하여 간단한 도형으로 구성할 수 있는 그림(예: 태양, 집, 자동차 등)을 그린다.

3. 물감과 물을 섞은 후 주사기의 바늘 부분으로 물감 섞은 물을 빨아들여 넣는다. 이때 주사기의 바늘을 위로 향하게 하여 공기를 빼서 공기가 에어캡에 들어가지 않도록 한다.

4. 그림을 그리지 않은 여분의 에어캡에 주사기로 물감 섞은 물을 가득 채우는 연습을 한다.

5. 연습 후 그림 그린 선을 따라서 에어캡에 물감 섞은 물을 채운다.

6. 주사기에 다른 색의 물로 바꾸어 넣고 에어캡을 채워 완성한다.

7. 활동 후 느낀 점에 대해서 이야기 나눈다.

과정 1. 에어캡에 매직으로 그리기

과정 2. 주사기로 물감 섞은 물 빨아들여 넣기

과정 3. 주사기로 물감 섞은 물 채우기

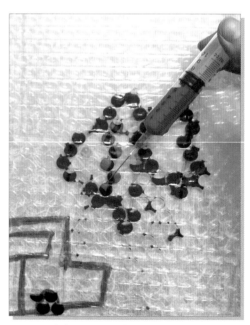

과정 4. 물감 섞은 물 채워 꾸미기

완성 작품: 공기로 만든 세상

▌Tip

1. 얇은 에어캡보다는 두께가 있는 에어캡이 활동하는 데 편리하며, 벽이나 유리에 붙여 사용할 경우 에어캡의 동그라미 위쪽에서 주사기를 투입하면 물감이 흐르지 않는다.

2. 무늬가 있는 에어캡에 물감을 채우거나, 아동의 전신이 그려진 테두리를 에어캡에 유성매직으로 그려서 물감을 채워 넣을 수 있다.

3. 주사기로 물감 섞은 물을 빨아들이는 데 힘 조절이 필요하므로 처음에는 치료사가 보여 주고 혼자 할 수 없는 아동은 도움을 주도록 한다.

펀치로 장난감 만들기

▌준비물

노끈, 펀치, 색지, 사인펜, 가위, 자

▌활동방법

1. 장난감 종류에 대해 알아보고, 아동이 갖고 싶은 입체 장난감은 무엇이 있는지 탐색한다.

2. 색지에 아동이 갖고 싶은 장난감의 모양을 평면도로 그려서 가위로 오린다.

3. 가위로 오린 색지에 노끈을 연결할 수 있도록 펀치로 구멍을 뚫는다.

4. 구멍 뚫은 색지를 사인펜으로 꾸민다.

5. 뚫린 구멍에 노끈을 얇게 찢어서 구멍을 연결하여 장난감 형태를 만든다.

6. 만든 장난감을 가지고 멋진 자세를 잡는다.

7. 스스로 장난감을 만들어 본 느낌에 대해서 이야기 나눈다.

과정 1. 장난감 평면도 그리기

과정 2. 펀치로 구멍 뚫기

과정 3. 구멍 뚫은 색지 꾸미기

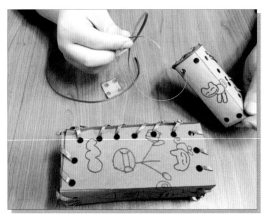

과정 4. 노끈으로 구멍 연결하기

완성 작품: 레이저 로봇

▎Tip

1. 입체 장난감 평면도를 아동 스스로 그리고 구성하기 어려운 경우 치료사가 예시 모형을 보여 준다.

2. 노끈의 색깔은 색지와 다르게 하여 구별이 잘 되도록 하고, 시지각 변별력이 향상 되면 그다음 단계로 색지와 노끈을 같은 색으로 제시할 수 있으며, 노끈은 털실, 모루, 낚싯줄 등 아동의 수준을 고려하여 다양하게 사용할 수 있다.

4

공간위치 지각(PS)

▌목 표

1. 공간의 위치를 지각하여 정확한 방향을 결정할 수 있다.
2. 형태의 일부분에서 전체 형태를 보는 능력을 향상할 수 있다.

▌단계별 적용

지도에서 길 찾기 또는 미로 찾기는 시지각 기능에서 시각-운동 협응의 상위단계로 입체적인 공간의 위치와 배경에 대해 이해하고 정확한 방향을 결정하는 활동이다. [1단계]는 미로 도안을 활용하여 미로를 그리고 장애물을 피해서 미로를 따라 테이프를 붙이는 활동이다. 이를 통해 공간의 위치에 대한 흥미를 유발하고 필요한 선을 변별하며 공간에 대해 이해하고 형태와 배경을 구분할 수 있도록 돕는다. [2단계]는 상자 안에 작은 과자 상자로 미로를 만드는 활동으로 미로에서 빠져나갈 방향을 스스로 찾고 입체적인 공간 안의 위치를 이해하도록 돕는다. [3단계]는 동화책의 인물과 물건 등 구성요소들이 지나는 길을 스스로 구성하여 지도를 만드는 활동이다. 인물이 도달해야 하는 위치를 기억하여 움직일 수 있도록 하고, 장소에 필요한 공간과 길을 배치하여 지도를 구성하게 한다. 또 그 이외의 공간을 배경으로 설정하여 건물이나 울타리, 도로나 가로수 등 공간과 배경을 시각적으로 구분하는 경험을 할 수 있도록 돕는다.

달팽이 미로

┃ 준비물

도안(달팽이), 색종이, 유성매직, 연필, 종이테이프, 양면 테이프

┃ 활동방법

1. 미로의 종류에 대해서 알아보고, 자신이 탐험해 보고 싶은 미로는 어떤 모양인지 생각한다.
2. 도안(달팽이)을 받고 달팽이 테두리를 유성매직으로 따라 그린다.
3. 그려 놓은 달팽이에 색종이를 구겨 양면 테이프로 붙여서 크기가 다양한 장애물이 있는 미로를 만든다.
4. 달팽이 미로를 따라 장애물을 피해 가며 연필로 길을 찾아본다.
5. 달팽이 미로를 따라 종이테이프를 손으로 잘라 붙인다. 장애물이 있는 곳은 종이테이프를 얇게 찢어서 붙인다.
6. 나머지 부분을 색칠하여 완성한다.
7. 활동 후 느낀 점에 대해서 이야기 나눈다.

과정 1. 도안을 따라 달팽이 그리기

과정 2. 색종이로 장애물 만들기

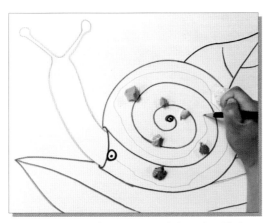

과정 3. 장애물을 피해 가며 연필로 미로 찾기

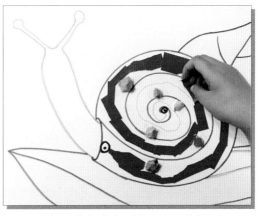

과정 4. 색깔 테이프 붙여 미로 따라가기

완성 작품: 이슬 품은 달팽이

▌Tip

1. 아동의 인지 수준에 따라 여러 마리의 달팽이 도안 또는 크기가 큰 달팽이 도안을 제시하여 단순하거나 복잡한 미로 모양을 만들 수 있다.

2. 색깔 종이테이프 길이를 스스로 가늠하여 잘라 붙이기 어려운 아동은 작은 모양 스티커를 이어 붙여 길을 표현할 수 있다.

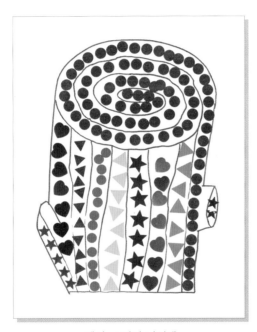

예시. 스티커 나이테

**2
단
계**

상자 미로

▎준비물

큰 상자, 작은 상자 또는 색지, 블록(나무, 신호등, 건물, 도형 블록 등), 송곳, 구슬, 물감, 가위, 테이프

▎활동방법

1. 미로의 종류와 특징에 대해서 탐색한다.

2. 아동이 알고 있는 익숙한 길을 치료사에게 안내하듯이 이야기한다(예: 집에서 학교 가는 길).

3. 큰 상자 안에 작은 상자 또는 색지를 오려서 미로를 구성한다.

4. 구성한 미로를 테이프로 붙인다.

5. 구성한 미로에 블록을 세워 배치하고 테이프로 붙인다.

6. 상자의 출발 위치에 구슬이 들어갈 수 있도록 송곳으로 구멍을 뚫는다. 구멍을 뚫을 때는 다치지 않도록 충분한 주의를 주고, 아동 스스로 구멍을 뚫기 힘든 경우는 치료사가 구멍을 뚫어 준다.

7. 완성 후 구슬에 물감을 묻혀서 출발부터 끝까지 미로를 찾아가며 굴린다.

8. 여러 번 반복해서 구슬을 굴려 본 후 어떻게 하면 구슬이 미로를 좀 더 잘 빠져나올 수 있었는지 아동이 설명하는 시간을 가진다.

9. 활동 후 느낀 점에 대해서 이야기 나눈다.

과정 1. 미로 구성하기

과정 2. 테이프로 붙이기

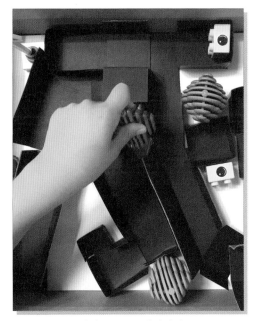

과정 3. 블록 배치하기

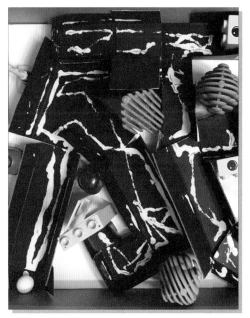

과정 4. 완성 후 구슬 굴리기

완성 작품: 우리 마을은 공사 중

▌Tip

1. 큰 상자 안에 작은 상자 또는 색지를 잘라 스스로 구성하기 어려운 아동은 휴지심이나 종이컵을 잘라 구성할 수 있다.

2. 빠져나오기 어려운 미로를 구성하기 힘든 아동은 먼저 단순한 길을 만들어 활동하면 도움이 된다.

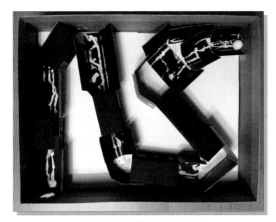

예시. 완성 작품: 하나의 길

3 단계

이야기 지도

▌준비물

동화책, 장난감(작은 사람, 자동차), 다양한 색 클레이, 도화지, 색연필, 연필, 지우개, 가위, 풀

▌활동방법

1. 동화책의 내용에 대해서 알아보고 동화책의 인물, 물건, 건물로 새로운 이야기를 구성한다.

2. 동화책의 인물, 물건, 건물을 세워서 붙일 수 있도록 밑면에 여유를 두고 가위로 오려서 도화지에 세워 붙인다.

3. 치료사의 지시에 따라 또는 스스로 생각하여 각 인물이나 물건이 필요한 길을 연필로 그린다(지시 예: 아이와 엄마는 지하철을 타러 가요. 다친 아이는 구급차를 타요.).

4. 위험한 동물이나 길은 울타리 또는 벽을 그리고 색연필로 주변을 꾸민다.

5. 길을 잘 보고 갈 수 있도록 배경색과 구분이 되는 색 클레이를 길게 만들어 붙인다.

6. 작은 사람 장난감과 자동차 장난감 등을 사용하여 완성된 길을 가도록 한다.

7. 활동 후 느낀 점에 대해서 이야기 나눈다.

과정 1. 동화책에서 오린 그림 붙이기

과정 2. 연필로 길 그리기

과정 3. 색연필로 울타리와 벽 그리기

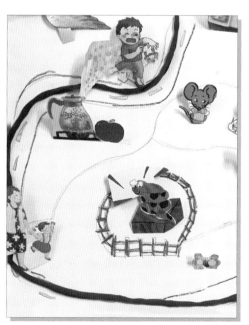

과정 4. 클레이 반죽하여 붙이기

완성 작품: 엄마와 나들이

❙Tip

1. 장애아동과 프로그램을 진행할 경우 책을 오리는 것은 일반적으로 행해지는 행위가 아니므로 재활용 바구니에서 수거해 온 책 또는 오래되어 낱장으로 찢어진 책장이나 다른 학습지의 동화 부분을 활용해서 오리도록 하여 동화책을 함부로 자르지 않도록 하는 지도가 필요하다.

2. 동화책을 가위로 오릴 때, 필요한 부분보다 아래를 1cm 정도 여유 있게 오리면 그 부분을 접어서 세워 붙일 수 있다.

3. 전지를 여러 장 붙여서 아동이 동화 속 인물들 사이에서 실제로 걸어가도록 할 수 있다.

지적장애

지적장애와 만나는 7월, 8월, 9월

알고 가기

짚고 가기

함께 가기

▋알고 가기

1. 지적장애 정의

1) 「장애인 등에 대한 특수교육법」

「장애인 등에 대한 특수교육법」에서는 지적 기능과 적응 행동상의 어려움이 존재하여 교육적 성취에 어려움이 있는 사람으로 규정하고 있다.

2) 「장애인 복지법 시행규칙」

지적장애를 6등급으로 나누고 지적장애를 다음 3등급으로 규정하고 있다. 이 규정은 지능지수의 상한선과 적응기술 영역을 등급별로 정하고 있다.

(1) 1등급: 지능지수 34이하. 일상생활과 사회생활 적응이 뚜렷하게 곤란하여 일생 동안 타인의 보호가 필요한 사람

(2) 2등급: 지능지수 35~49. 일상생활의 단순한 행동을 훈련시킬 수 있고 어느 정도의 도움과 감독을 받으면 복잡하지 아니하고 특수기술을 요하지 아니하는 직업을 가질 수 있는 사람

(3) 3등급: 지능지수 50~70. 교육을 통한 사회적 · 직업적 재활이 가능한 사람

3) 지적장애 진단기준(DSM-5)

지적장애(지적발달장애)

Intellectual Disability(Intellectual Developmental Disorder)

진단기준
지적장애(지적발달장애)는 발달 시기에 시작되며 개념, 사회, 실행 영역에서 지적 기능과 적응 기능 모두에 결함이 있는 상태를 말한다. 다음의 3가지 진단기준을 충족해야 한다. A. 임상적 평가와 개별적으로 실시된 표준화 지능 검사로 확인된 지적기능(추론, 문제해결, 계획, 추상적 사고, 판단, 학업, 경험 학습)의 결함이 있다. B. 적응 기능의 결함으로 인해 독립성과 사회적 책임 의식에 필요한 발달학적·사회문화적 표준을 충족하지 못한다. 지속적인 지원 없이는 적응 결함으로 인해 다양한 환경(가정, 학교, 일터, 공동체)에서 한 가지 이상의 일상 활동(의사소통, 시회적 참여, 독립적 생활) 기능에 제한을 받는다. C. 지적 결함과 적응 기능의 결함은 발달 시기 동안에 시작된다. **주의점**: 지적장애라는 진단명은 ICD−11의 지적발달장애와 동의어. 이 편람에서는 지적장애라는 용어를 사용하고 있지만, 다른 진단 체계와의 연관성을 명확히 하고자 제목에는 2가지 용어 모두 기재하였다. 더욱이 미연방 법령(공법 111−256. 로사법)에서 정신지체라는 용어 대신 지적장애라는 용어를 사용하기로 결정하였고 학술지에서도 지적장애라는 용어를 사용하고 있다. 이와 같이 지적장애라는 용어는 의학, 교육 및 기타 전문직뿐 아니라 일반 시민과 시민 단체에서도 널리 사용되고 있다.

2. 지적장애 특성

1) 사회적 특성

(1) 정서적 능력

정서적 능력은 크게 정서적 반응과 정서적 인식으로 구분할 수 있다. 정서적 반응은 다른 사람을 대할 때 나타나는 정서적 반응을 말한다. 정서적 반응은 타인과의 정서를 공유할 수 있는 능력이다. 정서적 인식은 행복함, 슬픔, 화남, 두려움과 같은 간단한 얼굴 표정을 인식하는 것이다. 정서적 인식 능력은 타인과의 사회적 상황을 이해하는 데 중요한 역할을 한다.

다운 증후군 아동의 경우는 동일 정신 연령의 아동과 비교한 연구에서 적극적인 정서표현이 가능하여 타인과의 관계에서 주의를 집중하는 시간은 비록 짧지만 타인에 대한 적극적인 정서와 주의를 나타낼 수는 있다. 그러나 대부분의 지적장애 아동은 행복, 슬픔, 화남, 두려움 등의 간단한 얼굴 표정은 인식하나 타인과의 사회적 상황을 인식하는 데는 많은 어려움을 보인다.

(2) 또래 및 친구 관계

친구를 사귀는 것은 적절한 사회적 발달을 형성하는 데 중요한 의미를 갖는데, 지적장애 아동의 사회적 능력을 살펴보면 협력적 놀이보다는 일방적 놀이를 즐기기 때문에 풍부한 사회적 환경을 제시해 주어야 하며 직접 중재를 통한 개입이 이루어져야 한다.

2) 인지 및 심리적 특성

(1) 인지 발달과 수행

발달적 지체를 보이며 낮은 성공 기대감으로 학습된 무기력이 나타난다.

(2) 주의와 기억력

선택적 주의집중이 어렵고, 집중 시간이 짧으며, 주의 유지가 어렵다. 오히려 관련되지 않은 단서에 주의를 더 기울이는 경향을 보인다. 단기기억에도 어려움을 보이며, 저장된 정보의 활용성에 대한 어려움을 보인다.

(3) 사고와 추리 개념

언어나 다른 학습과정이나 학습활동을 수행하기 위한 개인의 인지 능력인 초인지 능력에 결함을 보인다. 효과적으로 사고하고 추리하는 능력이 부족하여 문제해결을 위한 추리와 전략 요구를 잘 발달시키지 못한다. 또 개념에 대해서 비현실적이고 제한적이며 차별화되지 않은 개념을 가지고 있다. 그리고 세부적이지 못한 광범위한 일반적 지각을 가지고 있다.

▌짚고 가기

　지적장애 아동의 미술표현 발달은 일반적으로 정상적 발달 패턴을 보인다. 하지만 동일한 반복 표현이 많고 표현된 요소들 간의 유기적인 응집력이 부족하여 장소를 나타내거나 뭔가를 하고 있는 모습을 나타낼 때 사물을 어울리게 그려 표현하는 능력이 부족하다. 이로 인해 빈약한 회화솜씨를 보인다.

　인물화에서도 신체 부위의 생략이나 미분화된 모습으로 다소 경직된 인물표현을 보인다. 인물 간의 관계를 그린 그림에서도 서로 대화를 나누는 모습이나 함께 무엇을 하는 모습에서 서로 다른 방향을 보거나 인물이 생략되는 모습을 보이는 등 상호 관계가 부족한 그림을 보이는 경우가 많다. 또한 점토와 같이 통제 수준이 낮은 매체 작업을 선호하지만 입체를 표현하는 데는 어려움을 보여 실제 사물이나 동물 등의 특징을 관찰하여 나타내는 능력에 어려움을 보인다.

　이러한 어려움을 보이는 지적장애 아동에게 미술치료는 그림 그리기 활동을 통하여 사물을 그려서 사물의 특징을 이해하고 각 사물 간의 유기성을 자연스럽게 이해할 수 있도록 도움을 줄 수 있다. 또한 사람 그리기는 신체 인지 능력을 향상시킬 수 있으며, 2명 이상의 사람과 장소를 그리는 활동은 적절한 상황을 이해하고 상호관계에 대해 조망하는 능력을 향상시킬 수 있다.

　무엇을 만들기 위해 오리고 붙이고 주무르는 활동은 소근육 발달뿐만 아니라 사고력, 추리력, 문제 해결력, 창의력을 발달시킨다. 이러한 능력의 향상은 나아가 사회성 발달에도 영향을 주게 된다. 지적장애 아동은 생활 속에서 크고 작은 좌절감을 맛보게 되어 부정적인 자아상을 가지기 쉽다. 그래서 미술활동을 통하여 작품을 완성하며 얻게 되는 만족감과 성취감은 자존감 향상에도 도움이 된다.

　다양한 미술치료 기법 들 중 회화 활동뿐만 아니라 콜라주 활동도 도움을 줄 수 있는 활동이다. 콜라주 활동은 소근육 기술 향상 및 분류 개념과 상황을 설명하고 상황에 적절한 행동을 예측하는 기술을 향상시킬 수 있다. 실제 모습과 유사한 잡지의 사진을 활용하여 현실 생활에 적용할 수 있도록 연습한다면 인지적 적응 기술을 향상시키는 데 도움이 될 것이다.

지적장애 아동은 간단한 얼굴 표정은 인식할 수 있으나 보다 세분화된 감정들을 구분하여 표현하는 기술이 부족하고 타인과의 사회적 상황을 인식하는 데 어려움을 보이는 특징이 있다. 사회생활의 기본이 되는 또래관계가 이들에게 어려운 이유가 여기에 있다. 인물 표현하기를 익혀서 나 자신을 지각하고 감정표현을 인식하여 타인에 대한 감정 조망 능력을 향상시켜 사회적 기술능력을 향상시킬 수 있다.

지적장애 아동도 또래들과 어울리고 싶은 욕구는 있으나 연령에 맞는 사회적 기술이나 또래들의 관심사 파악하기, 상황 이해하기, 감정 파악하기에 어려움이 있어서 질적인 관계를 형성하는 데 어려움을 보인다. 그러나 지적장애 아동 중에는 통합 학급에서 수업도 가능하며 나아가 직업 활동도 가능한 아동도 있다. 이러한 아동이 사회에 나갔을 때 원활하게 적응하기 위해서는 또래관계 기술을 습득하는 것이 필요하다.

지적장애 아동의 성장기에 필요한 중재는 사회적 연령에 맞는 사회적 기술과 신변자립기술 습득이다. 돈을 사용하고 물건을 구매할 수 있는 능력은 실제 생활과 밀접한 관련이 있는 사회적 상황을 이해하는 데 필요하다. 하지만 일반 아동처럼 개수나 계산 등의 수 개념으로 학습시키기에는 지적장애 아동이 느끼는 심리적인 저항이 크기 때문에 흥미를 유발할 수 있는 미술치료적 접근이 상당히 유용하다.

또한 아동의 연령이 증가함에 따라 나타나는 신체적 변화를 인식하고 어떻게 행동해야 하는지를 배울 수 있는 성교육 역시 필요하다. 지적장애 아동도 사춘기를 경험하며 이성에 대한 관심을 가진다. 하지만 신체의 성숙은 이뤄졌지만 올바른 자기인식이 이루어지지 않아 근심, 걱정, 우울 등 심리적으로 침체된 모습과 대인관계에서 긴장하고 아동기의 미성숙한 행동으로 퇴행하는 등 과장되거나 부적절한 정서적 반응도 보이게 된다. 그래서 이 시기에 아이의 행동이 과격해졌다거나 다소 우울해 보인다는 부모님의 보고가 종종 있다. 따라서 지적장애 아동에게 성교육은 반드시 필요하며, 이러한 교육은 부담감 없이 쉽게 접할 수 있는 활동으로 접할 수 있는 미술치료적 접근이 도움이 된다.

함께 가기

1 관계 표현을 위한 콜라주

▌목표

1. 사물의 이름과 용도를 알고 분류 개념을 익힐 수 있다.
2. 장소에 알맞은 활동과 물건을 선택할 수 있다.

▌단계별 적용

잡지에는 일상에서 쉽게 접할 수 있는 사람이나 물건들이 사진으로 나타나 있다. 실제 모습과 유사한 사진은 지적장애 아동에게 좋은 교구가 될 수 있다. [1단계]에서는 가장 기초가 되는 개념이자 선행적으로 습득해야 할 개념으로 나와 가족에 대한 이해를 다룬다. 그림을 그려서 표현하는 것은 어렵지만 사진을 보고 우리 가족과 비슷한 가족을 구성해 보는 활동은 그림에 대한 부담감을 덜어 주고 자연스럽게 관계에 대한 이해와 우리 가족에 대한 소개를 하며 자기표현을 할 수 있는 기회를 줄 수 있다. [2단계]는 그림으로 동작을 표현하거나 물건을 작동시키는 모습을 그리는 것에 어려움이 있는 아동에게 적합한 활동이다. 사람과 사물을 조합하여 어떤 부위와 어떤 위치에 사람과 사물을 배치하는지 익힘으로써 관계를 이해하고 그림을 그리는 데 도움을 줄 수 있다. [3단계]에서는 학습활동을 통해 알게 된 정보들을 생활 속에서 활용하고 응용하는 데 어려움을 보이는 지적장애 아동에게 장소만을 나타내는 잡지의 사진을 사용하여 그 속에서 자신은 무엇을 할 수 있는지 경험할 수 있는 기회를 제공한다.

나와 가족

▌준비물

잡지, A4용지, 가위, 풀

▌활동방법

1. 잡지에서 사람을 선택하여 치료사가 '누구인가?'라고 묻는 질문에 아동이 대답하는 활동을 충분히 경험한다.

2. 잡지에서 다양한 사람 사진을 찾아 아이 사진, 여자 어른 사진, 남자 어른 사진 등으로 분류하는 연습을 한다.

3. 사람을 보며 아빠, 엄마, 동생, 형, 누나, 할머니, 할아버지를 찾는다.

4. 우리 가족의 구성원에는 누가 있는지 이야기 나누고, 가족과 생김새가 닮은 사람을 잡지에서 찾아 우리 가족으로 구성하여 A4용지에 붙인다.

5. 가족들이 각자 무엇을 하고 있는지 이야기 나눈다.

6. 활동 후 느낀 점에 대해서 이야기 나눈다.

과정 1. 아이 사진 찾아 모으기

과정 2. 여자 어른 사진 찾아 모으기

과정 3. 남자 어른 사진 찾아 모으기

과정 4. 완성 작품: 우리 가족

┃Tip

1. A4용지에 가족 구성원이 모두 들어갈 수 있도록 잡지에서 적당한 크기를 미리 선별하여 준비할 수도 있다. 또는 용지를 큰 사이즈로 준비하여 할 수도 있다.

2. 시지각 기능과 소근육 운동기술에 어려움이 있는 아동의 경우 잡지의 사람 사진에 테두리를 그려 주어 자르기 쉽게 도움을 주거나 치료사가 미리 오려서 준비한 사람을 주고 활동을 해 볼 수도 있다.

2
단
계

사람과 사물

▎준비물

잡지, A4용지, 가위, 풀

▎활동방법

1. 잡지를 보고 다양한 사람들의 자세와 사물을 관찰한다.

2. 관찰 후 마음에 드는 사람을 찾아 오린다. 그 사람은 누구와 비슷한지, 어떤 모습을 하고 있는지 자세와 행동을 표현할 수 있는 다양한 동사를 사용하여 문장으로 표현하는 연습을 한다.

3. 잡지에서 찾은 마음에 드는 사물을 찾아 오린다. 찾은 사물의 용도, 쓰임과 관련한 동사를 다양하게 찾아보고 연습을 한다.

4. 사람이 용도에 맞게 사물을 사용하는 모습이 되도록 종이 위에 붙인다.

5. 사람과 사물을 함께 표현하여 누가 무엇을 하는지, 또는 누가 어디서 무엇을 하는지 이야기 나눈다.

과정 1-1. 앉아 있는 아이 사진

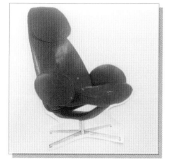

과정 2-1. 의자 사진

과정 3-1. 완성 작품:
의자에 앉은 아이 사진

과정 1-2. 서 있는 여자

과정 2-2. 가방

과정 3-2. 완성 작품:
가방을 든 여자

과정 1-3. 손을 들고 있는 사진

과정 2-3. 프라이팬 사진

과정 3-3. 완성 작품:
프라이팬을 들고 있는 모습

| Tip

1. 아동의 따라 그리기 능력을 향상시키기 위해 콜라주 활동 후 완성 작품을 보고 따라 그리도록 할 수 있는데, 먼저 트레싱지나 OHP필름에 베껴 그려 연습한 후 보고 그리게 하면 따라 그리기에 도움이 될 것이다.

2. 나와 관계된 사람(가족, 친구, 선생님 등)이 무엇을 하는지도 설명하여, 그 사람의 특징적인 행동이나 직업을 설명할 수도 있다.

상황과 행동

▌준비물

잡지, OHP필름, 유성매직, 색연필, 가위, 풀

▌활동방법

1. 거실과 같은 집안의 익숙한 장소에서부터 골목, 공원, 음악실 등 외부 장소로 다양
   한 잡지 이미지를 준비하여 관찰한다.

2. 어떤 장소의 이미지를 찾았는지, 그곳에는 어떤 물건들이 있는지 이야기 나눈다.

3. 자신이 이 장소에 있다면 어떤 모습으로 있을 것 같은지 이야기 나눈다.

4. OHP필름을 잡지 사진 위에 올려놓는다.

5. 자신이 무엇인가를 하고 있는 모습을 장소와 어울리게 유성매직으로 그리고 색칠
   하여 꾸민다.

6. 무엇을 그렸는지 이야기 나누고, 그곳에서 누구와 함께 무엇을 하면 좋을지 이야
   기 나눈다.

7. 활동 후 느낀 점에 대해서 이야기 나눈다.

과정 1. 다양한 장소 관찰하기

과정 2. 장소 선택하기

과정 3. 장소와 어울리게 그리기

과정 4. 색칠하여 꾸미기

사례   지적장애, 고등1, 여학생

생일파티

장소는 주방을 선택하였으며 단순히 가족과 식사를 한다고 이야기하였다. 식탁이 넓어서 친구들을 초대해서 같이 놀아도 좋을 것 같다고 이야기해 주자, 생일파티를 하면 좋겠다고 하였다. 생일에 초대 받은 친구들은 선물을 가지고 왔으며, 생일축하 노래를 불러 주면 촛불을 끌 것이라고 하였다. 맛있는 케이크를 먹어서 행복하고 친구들에게 선물을 받아서 즐겁다는 기분을 표현하였다.

▮ Tip

1. 사람을 그릴 줄 모른다면 다음과 같은 방법을 활용할 수 있다.

    −잡지의 사람을 찾아 오려 잡지의 장소 그림에 붙이기

    −OHP필름, 트레싱지를 이용하여 잡지의 사람을 베껴 그리고 색칠하여 장소를 나

    타내는 잡지 그림에 붙여서 꾸미기

2. 관련 장소에서 지켜야 하는 규칙이나 예절, 에티켓, 말해야 하는 것(식당에서, 도서

    관에서) 등을 연습해 볼 수도 있다.

2

인물 그리기를 통한 관계 조망

▌목 표

1. 자신의 얼굴상을 인식하고 그림으로 표현할 수 있다.
2. 타인이 보는 나를 인식하여 사회적 기술 능력을 향상시킬 수 있다.

▌단계별 적용

[1단계]는 회화 활동을 시작하는 단계의 아동에게 얼굴을 어떻게 그려야 하는지 좀 더 쉽게 접근하도록 하기 위한 활동이다. 마스크 팩의 모양을 보고 얼굴 부위의 위치를 파악하고 직접 그려 봄으로써 자연스럽게 얼굴을 그려 볼 수 있도록 돕는다. 젖어 있는 얇은 팩을 찢어지지 않게 펼쳐서 얼굴 모양이 나오도록 하는 활동은 조절력이 필요하고, 팩에 대한 촉감의 탐색과 관련한 언어적인 표현들을 직접 체험해 봄으로써 협응기술과 다양한 상태 표현 어휘를 익힐 수 있는 기회를 준다. [2단계]는 얼굴 표정과 감정에 대한 표현을 위한 활동이다. 다양한 감정을 이해하고 타인의 감정을 조망하는 기술을 익힌다면 보다 나은 또래관계를 맺을 수 있을 것이다. 이 활동을 통해서 표정을 결정하는 것이 눈과 입의 모양임을 인식하고 다양한 표정과 감정에 따른 자신의 경험을 이야기해 볼 수 있도록 한다. [3단계]는 자신의 얼굴을 관찰하고 자신의 평소 표정을 살펴본 뒤 호감을 줄 수 있는 표정은 어떤 표정인지 생각해 보고 실제 생활에 적용할 수 있는 활동이다.

1 단계

마스크 팩 얼굴 그리기

▌준비물

마스크 팩, 파운데이션, 신문지, 마분지, 붓, 사인펜, 가위

▌활동방법

1. 시중에서 판매하는 마스크 팩을 꺼내어 팩에 묻어 있는 화장수를 손으로 닦아 내거나 미리 준비한 신문지 위에 올려놓고 손으로 두드리거나 닦아서 화장수를 제거한다.

2. 마분지 위에 화장수가 제거된 마스크 팩을 올려 얼굴 모양이 나오도록 편다.

3. 펼쳐진 마스크 팩 위에 파운데이션을 짜서 붓으로 얼굴색을 칠한다.

4. 자신의 얼굴을 관찰한 뒤 얼굴색이 칠해진 마스크 팩 위에 사인펜으로 눈, 코, 입을 그린다.

5. 사인펜으로 마분지 위에 놓인 마스크 팩의 테두리를 따라 그린 뒤 가위로 잘라 얼굴 모양만 남도록 한다.

6. 가위로 오린 얼굴을 자신의 얼굴로 꾸며 완성한다(머리카락 그리기, 귀 그리기).

7. 활동 후 느낀 점에 대해서 이야기 나눈다.

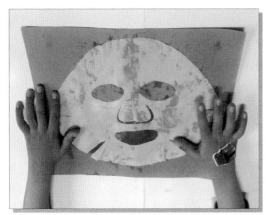

과정 1. 마스크 팩 펴기

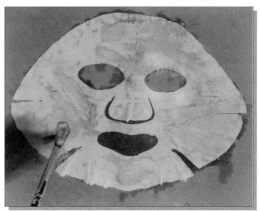

과정 2. 얼굴색 칠하기

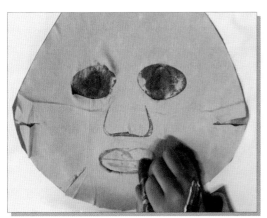

과정 3. 눈, 코, 입 그리기

과정 4. 완성 작품: 나의 얼굴

❙Tip

1. 마스크 팩을 채색하는 매체는 다양하게 구상할 수 있다. 감각에 어려움이 있는 아동의 경우 잼이나 시럽, 케첩 등의 농도를 달리하여 손가락으로 바르거나 숟가락 등을 이용할 수도 있다. 또한 액상 커피나 실제 얼굴색과 비슷한 BB크림, CC크림으로 화장하듯 표현해 볼 수도 있다.

2. 채색을 할 때에는 마스크 팩이 찢어지지 않도록 조심하여 얼굴 모양이 유지될 수 있도록 하며, 빠짐없이 채색이 되었는지도 살펴본다.

3. 시판하는 눈, 코, 턱 모양의 부분 마스크를 이용하여 빠진 얼굴 부위를 그리는 활동도 할 수 있으며 동물 모양 마스크를 이용하여 동물의 특징을 살려 동물을 그릴 수도 있다.

4. 치료사는 평소 화장품 가게에서 받은 BB크림, CC크림, 파운데이션 등의 샘플을 모아 두면 미술치료 시 다양한 매체로 활용할 수 있다.

부분 가면 표정 만들기

▌준비물

거울, 나무젓가락, 도안(다양한 표정), 마분지, 유성매직, 가위, 테이프

▌활동방법

1. 다양한 표정이 그려진 도안을 받아서 관찰한다.

2. 눈과 입의 모양이 어떠한지 관찰하고 거울을 보며 표정을 따라 한다.

3. 표정이 그려진 도안을 색칠하여 눈과 입의 모양을 따라 그린다.

4. 색칠한 도안의 눈과 입만 네모 모양의 가면이 되도록 가위로 자른다.

5. 오린 눈 모양과 입 모양을 마분지에 붙이고 나무젓가락으로 손잡이를 만든다.

6. 눈과 입 모양의 가면을 얼굴에 대고 거울을 보며 어울리는 눈과 입 모양을 만든다
   (예시 1~4 참조).

7. 가면으로 만든 표정과 관련된 감정 상황은 어떠한 것이 있는지 생각해 보고 기록
   한다.

8. 활동 후 느낀 점을 이야기 나눈다.

과정 1. 표정 도안 관찰

과정 2. 웃는 얼굴 도안 색칠하기

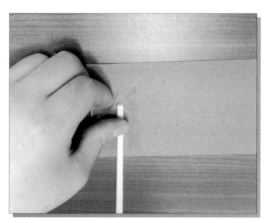

과정 3. 부분을 잘라서 손잡이 만들기

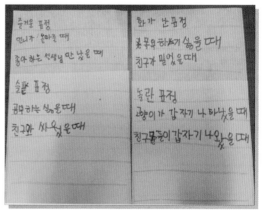

과정 4. 관련된 감정 상황 기록하기

완성 작품: 다양한 표정

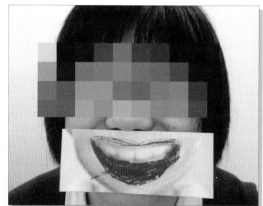

예시 1. 기쁜 표정 만들기

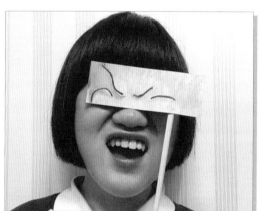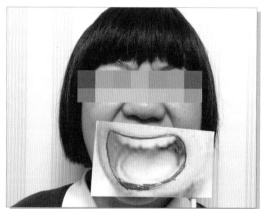

예시 2. 슬픈 표정 만들기

 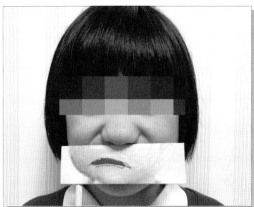

예시 3. 화난 표정 만들기

 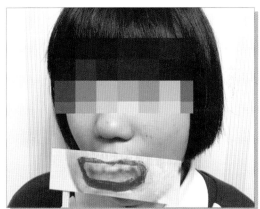

예시 4. 놀란 표정 만들기

▌Tip

1. 표정 스티커, 표정 이모티콘, 얼굴 표정 이미지, 얼굴 표정 사진 등과 감정카드, 감정표현 그림 등을 다양하게 활용하면 표정 및 감정 학습에 도움이 된다.

다양한 감정표현 카드의 예

출처: http://cafe.naver.com/jdreamchildren/2064

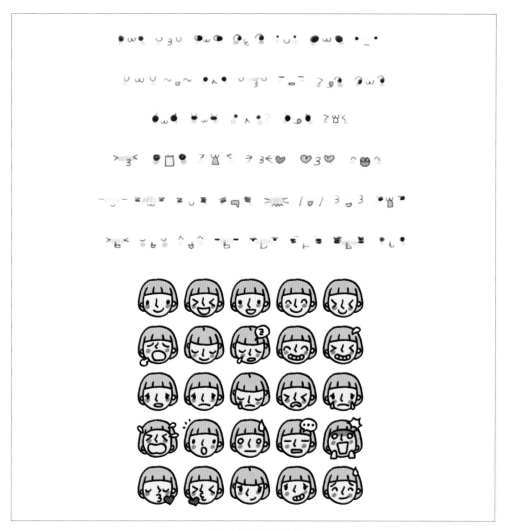

다양한 이모티콘의 예

출처: http://blog.naver.com/jadool004/40126636013
http://blog.naver.com/happyalice79/10166079416

2. 기본적인 감정표현들을 이해한다면 타인이 어떠할 때 나에게 이러한 표정인지 알
   아보거나 보다 세분화된 감정표현들(뿌듯한, 황당한, 짜증스러운 등)을 익혀 나가는
   것이 도움이 될 것이다.

3단계

자화상 그리고 수정하기

▎준비물
명화 〈자화상〉, 아동의 얼굴 사진, OHP필름, 유성매직

▎활동방법
1. 치료사는 자화상이 무엇인지 설명하고, 자화상을 감상한 경험이나 자신의 얼굴을 그려 본 경험을 이야기 나눈다.
2. 명화 〈자화상〉을 관찰한 후 명화에 OHP필름을 올리고 유성매직으로 테두리를 베껴 그린다.
3. 테두리를 베껴 그린 OHP필름은 뒤집어서 유성매직으로 색칠한다(뒤집어서 색칠하는 이유는 테두리를 그린 면에 색칠할 경우 테두리가 지워지기 때문이다.).
4. 치료사는 아동의 얼굴이 잘 나오게 사진을 찍어 준 후 출력하여 2번과 3번의 순서와 같이 테두리를 따라 그린 후 뒤집어서 색칠하여 자화상을 완성한다.
5. 완성 후 자신의 생김새와 표정에 대해서 이야기 나눈다.
6. 호감 가는 친구, 친구가 많은 친구들은 어떤 특징이 있는지 이야기 나누며 그 친구들의 표정은 어떠한지 이야기 나눈다.
7. 호감 가는 친구 얼굴의 특징을 참고하여 자신의 자화상을 유성매직으로 고친다 (예: 잘 웃는다 → 웃는 입 모양으로 고쳐 그린다.).
8. 완성한 작품을 보며 호감 가는 얼굴과 함께 어떠한 말과 행동을 할지 이야기 나눈다.
9. 활동 후 느낀 점에 대해서 이야기 나눈다.

과정 1. 고흐(Vincent van Gogh)의
〈자화상(self-portrait)〉(1889) 관찰하기

과정 2. 명화 위에 OHP필름 올려
테두리 베껴 그리기

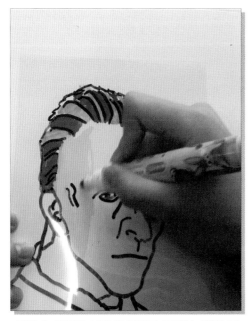

과정 3. 테두리 그린 OHP필름 뒤집어 색칠하기

과정 4. 완성 작품

사례 　　　　　　　　　　　　　　　　　　　　　　　　　　　　지적장애, 초등3, 여학생

자신의 자화상 베껴 그리기

자신의 자화상 수정하기

웃는 모습이면 친구들이 좋아할 것 같다고 하여 입꼬리가 올라가서 웃는 모습으로 수정하였다.

▌Tip

1. 자화상을 그리는 방법은 다양한 방법으로 그려 볼 수 있다. 그 예로 거울을 보며 윈도우 펜을 이용하여 그리기, 랩이나 비닐을 액자 틀처럼 만들어서 얼굴에 대고 그리기 등이 있다.

2. 자신의 사진과 뒤집어서 반전이 된 사진의 다른 점은 무엇인지 알아보는 활동으로 공간지각 능력을 향상시킬 수도 있다.

3 돈 개념 익히기

목표

1. 자주 구입하는 물건의 가격을 알 수 있으며, 실제로 구입할 수 있다.
2. 물건을 구입하는 방법을 이해하여 사회적응 기술 능력을 향상시킬 수 있다.

단계별 적용

돈 개념은 연령이 증가함에 따라 사회생활에서 꼭 필요한 개념으로 물건을 선택하고 구매하는 방법을 익혀 자립적인 생활이 가능할 수 있도록 하는 중요한 기술이다. 아동이 스스로 선택하고 스스로 할 수 있는 것들이 많아질수록 자존감 또한 높아진다. [1단계]는 쉽게 접할 수 있는 냉장고 안을 살펴보면서 냉장고 안의 유사한 물건들을 찾아서 분류 개념을 익히고 가격을 알아보는 활동이다. [2단계]는 아동에게 흥미 있는 생일파티라는 주제로 또래들과 어울리며 이야기 나눌 수 있는 기회를 부여하므로 사회적 기술이 부족한 아동에게 필요한 활동이다. 또한 이 활동은 생일파티를 준비하며 내가 원하는 물건의 가격도 살펴보는 것이다. [3단계]에서는 물건을 구입하고 금액을 확인하며 만약 마음에 들지 않거나 불량 제품을 구매하여 교환을 해야 할 때 필요한 영수증을 활용한 활동이다. 화폐 개념을 알고 물건을 구입할 줄 알며 소비활동에 필요한 정보를 가르쳐 주는 데 이러한 여러 가지 정보가 있는 영수증은 좋은 자료가 될 수 있다.

물건 이름과 가격 알기

▌준비물

냉장고 광고지, 광고 전단지, 색도화지, A4용지, 사인펜, 색연필, 가위, 풀

▌활동방법

1. 잡지에서 음식이 들어 있는 냉장고 전체가 나타나 있는 광고지를 준비한다.

2. 잡지의 냉장고 그림을 색도화지의 가운데에 붙인다.

3. 냉장고 안의 식재료, 과일, 음료수 등을 살펴보고 무엇이 들어 있는지 이야기 나눈 후 광고 전단지에서 냉장고에서 보았던 음식과 같은 종류의 음식을 찾아 오린다.

4. 오린 음식은 냉장고 그림 옆에 붙이고 가격이 얼마인지 음식 옆에 붙인다.

5. 가격을 소리 내서 읽어 보고, 치료사가 냉장고에 든 음식 중 하나를 말하면 가격 맞추기 놀이도 해 본다.

6. 활동을 하면서 재미있었던 점과 새롭게 알게 된 점에 대해서 이야기 나눈다.

과정 1. 잡지의 냉장고 사진 준비

과정 2. 광고 전단지에서 음식 오리기

과정 3. 냉장고 옆에 오린 음식 붙이기

과정 4. 음식 옆에 가격 붙이기

생일파티 장보기

▌준비물

광고 전단지 또는 상가 안내책자, 색도화지, 사인펜, 색연필, 가위, 풀

▌활동방법

1. 생일에 대한 개념을 이해하고, 자신의 생일은 언제인지 알아본다.

2. 생일파티를 한다고 가정하여 무엇이 필요할지 이야기 나눈다.

3. 파티에 초대하고 싶은 친구들을 생각해 보고 그 친구들은 어떤 음식을 좋아하는지 이야기 나눈다.

4. 파티에 필요한 케이크, 과일, 과자, 음료수 등의 음식을 생각하여 광고 전단지 또는 상가 안내책자에서 찾아서 색도화지에 오려 붙이고 케이크는 아동이 좋아하는 케이크로 그린다.

5. 오려 붙인 음식들의 가격은 얼마인지 알아보고 장을 보는 데 필요한 비용을 확인한다.

6. 아동이 장 본 음식들로 친구들을 초대하면 어떨 것 같은지 이야기 나눈다.

7. 활동 후 느낀 점에 대해서 이야기 나눈다.

과정 1. 광고 전단지에서 마음에 드는 음식 오리기

과정 2. 나만의 케이크 그리기

과정 3. 오린 음식들 붙이기

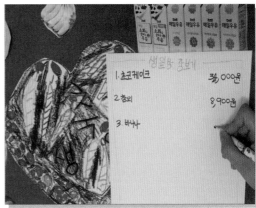

과정 4. 가격 확인하여 적기

사례   지적장애, 초등3, 여학생

나의 생일상

아동이 가장 좋아하는 통닭이 많이 있었으면 좋겠다고 하여 통닭을 종류별로 붙였으며, 케이크는 자신이 좋아하는 초코 케이크를 그렸다. 완성 후 같은 반 친구들을 초대하여 생일파티를 한 경험을 이야기하였다.

**3
단
계**

영수증 만들기

▌준비물

광고 전단지, 마트 영수증, A4용지, 색도화지, 사인펜, 가위, 풀

▌활동방법

1. 일상생활에서 쉽게 볼 수 있는 영수증을 보여 주고 어떻게 보는 것인지 설명해 준다.

2. 광고 전단지에서 마음에 드는 물건을 선택한다.

3. 마트에서 쇼핑할 때 사용하는 카트를 연상하여 색도화지에 그린다.

4. 마음에 드는 물건을 금액과 함께 오린 뒤 카트가 그려진 종이에 붙인다.

5. 영수증을 참고하여 A4용지를 세로로 길게 접어 영수증 크기로 만든다.

6. 카트에 붙인 물건들을 보고 물건의 이름, 수량, 단가, 금액을 영수증(5번에서 만든 영수증)에 적는다.

7. 완성 후 영수증의 용도(예: 물건 가격 확인, 물건 교환 등)에 대해서 이야기 나눈다.

8. 활동 후 느낀 점에 대해서 이야기 나눈다.

과정 1. 마트 영수증 관찰

과정 2. 전단지 물건 오리기

과정 3. 카트 그림에 물건 붙이기

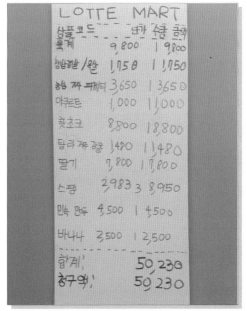

과정 4. 영수증 만들기

Tip

1. 영수증을 참고하여 직접 간이 영수증에 적어 보고, 상품의 단가, 개수에 따른 총금액, 구매일과 구매 시간, 결제 방법 등을 살펴보아 간이영수증의 항목들을 설명해줄 수 있다.

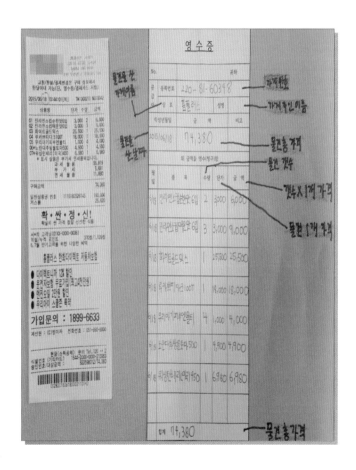

2. 인지수준이 낮은 아동은 물건을 직접 그리거나 모양 스티커를 활용하여, 돈 개념에 어려움이 있는 아동은 장난감 돈을 이용하여 금액을 보고 연습할 수 있다.

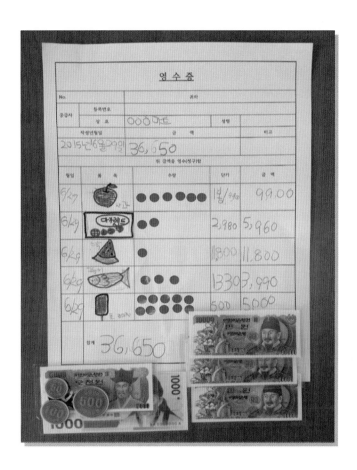

4 성교육

▌목 표

1. 성장하는 자신의 신체를 이해할 수 있다.
2. 신변자립 기술 능력을 향상할 수 있다.

▌단계별 적용

[1단계]에서는 성장 과정을 앨범으로 만들어 보는 시간을 가진다. 지적장애 아동도 일반 아동과 마찬가지로 신체의 변화와 성에 대한 관심을 가지고 있다. 그러나 올바른 신체상이 형성되지 못하여 근심, 걱정, 우울 등 심리적 · 정신적으로 침체 상태에 빠지거나 대인관계에서의 긴장, 아동기의 미성숙한 행동을 보이는 퇴행 등 과장되거나 부적절한 정서적 반응을 보이게 된다. 그래서 변화되어 가는 자신의 모습을 관찰하는 활동을 통하여 자신의 모습을 이해하는 시간을 가지고자 한다. 2차 성징이 시작되면서 아동들은 신체적 변화를 겪지만 낮은 수준의 신변처리 능력으로 부적절한 행동을 하게 되는 일이 종종 발생하므로, [2단계]에서는 이러한 문제들을 해결하기 위한 방법을 알아본다. 속옷의 종류와 청결해야 하는 이유 등을 설명해 주고 겉옷을 단정히 입는 방법 또한 설명한다. 생리주기를 계산하고 기억하는 일은 지적장애 아동에게는 다소 어려운 일이라 대부분 어머니의 도움으로 해결을 하고 있다. 스스로 생리일을 기억하고 신변 처리하는 일은 자립적인 생활을 영위하는 데 반드시 필요한 기술이다. 따라서 [3단계]에서는 이를 쉽게 이해할 수 있도록 생리주기 팔찌 만들기를 하여 도움을 줄 수 있다.

나의 성장 앨범

▌준비물

아동의 성장 모습이 담긴 사진 5매 내외, 색도화지, 사인펜, 색연필, 연필, 지우개, 가위, 풀

▌활동방법

1. 자신의 성장 모습이 담긴 사진을 여러 장 준비한다.

2. 자신의 아기 때 사진, 유치원 때 사진, 초등학교 때 사진, 지금 모습의 사진을 고른다.

3. 사진을 성장 순서에 따라 한 장씩 색도화지에 붙이고 색연필과 사인펜을 이용하여 사진 주변을 꾸민다.

4. 사진 아래에 나이, 키, 몸무게, 몸의 특징 등 신체의 변화를 알 수 있는 내용을 적는다.

5. 자신이 성장하며 변화된 모습을 탐색하고 기록한 내용들을 다시 읽고, 시간이 흘러 감에 따라 나의 몸이 어떻게 변화되었는지 이야기 나눈다.

6. 활동 후 느낀 점에 대해서 이야기 나눈다.

과정 1. 사진 배치하고 꾸미기

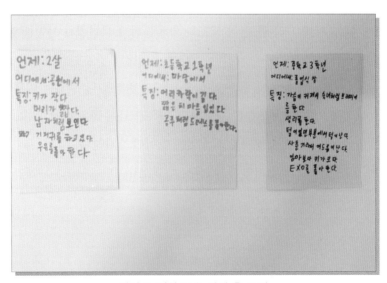

과정 2. 변화 모습 탐색 후 쓰기

사례

나의 변화 모습

사진을 보고 연령별로 배열하는 데 어려움이 없었으며, 사진 각각의 모습을 보며 특징을 찾는 것은 머리 모양, 옷차림 등을 질문하여 찾을 수 있었다. 자신의 사진으로 꾸미는 활동이라 활동에 대한 몰입도가 높았다. 사진 각각의 분위기에 따라 가장 어렸을 때의 모습은 작고 귀여우니까 토끼 액자를, 가운데 초등학교 때의 모습은 꽃이 그려져 있어서 꽃이 그려진 액자를 그렸으며, 중학교 졸업사진은 지금 가장 좋아하는 고양이의 모습으로 액자를 꾸몄다.

2단계

속옷과 옷차림

▍준비물

부직포로 만든 인물상(남, 여), 여러 가지 속옷 사진, 옷을 꾸밀 수 있는 종이, 색도화지, 유성매직, 가위, 풀

▍활동방법

1. 부직포로 만든 남자와 여자 인물상을 받아 관찰한다.
2. 타인에게 보여서는 안 되는 신체 부위에 대해 이야기 나눈다.
3. 미리 준비한 속옷 사진을 보며 남자와 여자의 것으로 분류하고 색도화지에 콜라주 작업을 한 후 치료사와 속옷의 종류와 이름, 착용방법 등을 이야기 나눈다.
4. 콜라주 해 본 속옷을 참고하여 부직포로 만든 남자와 여자 인물상의 속옷을 종이로 만들어 입힌다.
5. 속옷이 보이지 않게 겉옷도 만들어 입힌다.
6. 깨끗한 옷차림은 어떤 모습인지 이야기 나누고, 옷을 입었을 때의 태도나 자세에 대하여도 이야기 나눈다.
7. 활동 후 느낀 점에 대해서 이야기 나눈다.

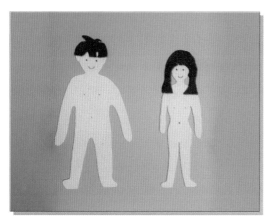

과정 1. 남녀 도안 보고 관찰하기

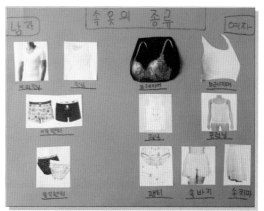

과정 2. 속옷의 종류 콜라주

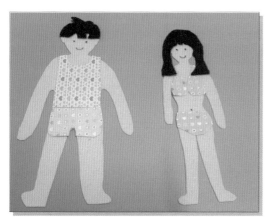

과정 3. 속옷 만들어 입히기

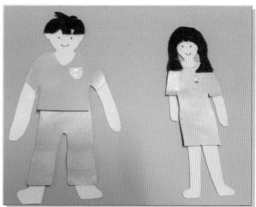

과정 4. 겉옷 만들어 입히기

❙ Tip

1. 겉옷을 만들 때 속옷이 보이지 않게 만들어서 실제 옷차림에서도 적용이 가능하도록 돕는다. 또한 깨끗한 옷차림은 어떠한 옷차림인지 준비된 사진을 통하여 설명할 수도 있다.

2. 다양한 의복의 종류를 설명하며 속옷과 겉옷의 개념에 대한 학습이 선행되어야 하며, 지적장애 청소년의 경우 계절, 장소나 모임의 특성에 맞게 적절한 의복을 선택할 수 있도록 주제를 확장시켜 미술치료를 진행할 수 있다.

생리주기 팔찌

▌준비물

비즈 3종류, 우레탄 줄, 달력, 색도화지, 색연필, 사인펜, 가위

▌활동방법

1. 생리주기에 대해서 설명하고 이해하도록 돕는다.

2. 자신의 생리주기를 알고 있는지 확인한다. 생리주기를 모를 경우에는 사전에 알아 오도록 지도한다.

3. 달력에 지난 생리일 첫날과 이번 달 생리일 첫날까지 며칠이 걸렸는지 날짜를 세 어서 생리주기를 알아본다.

4. 달력에 생리일 첫날에서부터 14일째 되는 날에 배란일이라고 기록하고 배란의 뜻 을 설명한다(예: 배란일은 내가 엄마가 될 수 있는 날).

5. 색도화지에 생리주기에 따라 비즈 모양을 그려 팔찌를 어떻게 만들 것인지 그림을 그리고 생리 시 알아 두어야 할 정보는 무엇인지 간단히 적는다(배란일의 뜻, 생리일 에 주의해야 할 점, 다음 생리 예정일 알아보기).

6. 구상한 그림을 보고 우레탄 줄에 비즈를 끼워 다 끼워지면 매듭을 지어 팔찌를 완성 한다(각자의 주기에 맞춰 비즈의 개수를 조절할 수 있으며 생리 불순일 경우 비즈를 여유 있게 준비하여 끼운다.).

7. 활동 후 느낀 점에 대해서 이야기 나눈다.

과정 1. 달력에 생리일과 배란일 표시

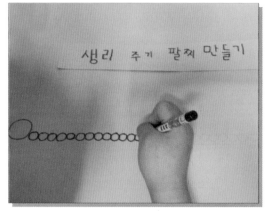

과정 2. 팔찌 만들기 전 구상하여 그리기

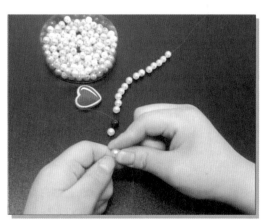

과정 3. 비즈 끼워서 팔찌 만들기

과정 4. 비즈를 모두 끼우고 매듭짓기

사례　　　　　　　　　　　　　　　　　　　　　　　　　지적장애, 고등1, 여학생

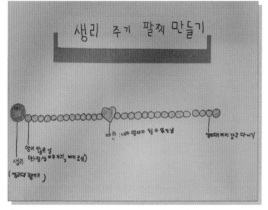

생리 팔찌 그리고 주요 내용 기록하기

생리 팔찌

생리주기는 28일로 하루 빨리 혹은 늦게 시작할 수 있어서 여분으로 구슬 한 알을 추가하여 만들었다. 큰 하트 모양은 생리를 시작하는 첫 번째 날을 나타내며, 가운데 빨간 구슬은 배란일을 나타낸다.

Tip

1. 스마트폰을 활용할 줄 아는 아동의 경우 스마트폰 어플을 이용하여 생리주기에 대
   해 설명하고 계산할 수 있다. 어플에서 자신의 생리일을 터치하여 기록하면 배란일
   과 다음 번 생리 예정일을 알 수 있다.

출처: 스마트폰 어플 M. Calender

2. 지난달의 생리일과 이번 달 생리일까지 며칠이 걸렸는지 계산하면 자신의 생리주기를 알 수 있어서 다음 달 예정일을 알 수 있다. 인터넷이나 스마트폰 어플을 활용한 생리주기 계산기를 사용하여 생리 예정일을 알려 줄 수도 있다(예: 이번 달 생리일은 6월 2일이며 생리주기는 28일로 입력하면 7월의 생리 예정일을 알 수 있다.).

출처: http://www.whisper.co.kr/ko-KR/period-calculator/period-calculator.aspx

자폐스펙트럼장애

자폐스펙트럼장애와 만나는 10월, 11월, 12월

알고 가기

짚고 가기

함께 가기

알고 가기

1. 자폐스펙트럼장애 정의

　자폐스펙트럼장애를 가진 아동 중에는 똑같은 특성을 가진 아동이 존재하지 않는다. 유전인자, 신체생리학적 특성, 가정 환경, 교육환경 등이 다르기 때문에 이러한 조건들이 조합되어 다양한 특성과 성향을 보인다. 햇빛은 한 가지의 색처럼 보이지만 프리즘을 통하면 마치 다양한 색으로 펼쳐져 보이는 것처럼 자폐스펙트럼장애를 가진 아동들도 증상적 특성과 성향이 각양각색으로 나타나기 때문에 자폐성장애라는 용어에 스펙트럼이라는 용어가 첨가되어 사용되고 있다.

1) 자폐스펙트럼장애 진단기준(DSM-5)

자폐스펙트럼장애 Autism Spectrum Disorder	
진단기준	299.00(F84.0)
A. 다양한 분야에 걸쳐 나타나는 사회적 의사소통 및 사회적 상호작용의 지속적인 결함으로 현재 또는 과거력상 다음과 같은 특징으로 나타난다. 　1. 사회적-감정적 상호성의 결함(예, 비정상적인 사회적 접근과 정상적인 대화의 실패, 흥미나 감정 공유의 감소, 사회적 상호작용의 시작 및 반응의 실패) 　2. 사회적 상호작용을 위한 비언어적인 의사소통 행동의 결함(예, 언어적, 비언어적 의사소통의 불완전한 통합, 비정상적인 눈 맞춤과 몸짓 언어, 몸짓의 이해와 사용의 결함, 얼굴 표정과 비언어적 의사소통의 전반적 결핍) 　3. 관계 발전, 유지 및 관계에 대한 이해의 결함(예, 다양한 사회적 상황에 적합한 적응적 행동의 어려움, 상상 놀이를 공유하거나 친구 사귀기가 어려움, 동료들에 대한 관심 결여)	

현재의 심각도를 명시할 것:

심각도는 사회적 의사소통 손상과 제한적이고 반복적인 행동 양상에 기초하여 평가한다.

B. 제한적이고 반복적인 행동이나 흥미, 활동이 현재 또는 과거력상 다음 항목들 가운데 적어도 2가지 이상 나타난다.

1. 상동증적이거나 반복적인 운동성 동작, 물건 사용 또는 말하기(예, 단순 운동 상동증, 장난감 정렬하기, 또는 물체 튕기기, 반향어, 특이한 문구 사용)

2. 동일성에 대한 고집, 일상적인 것에 대한 융통성 없는 집착. 또는 의례적인 언어나 비언어적 행동 양상(예, 작은 변화에 대한 극심한 고통, 변화의 어려움, 완고한 사고방식, 의례적인 인사, 같은 길로만 다니기, 매일 같은 음식 먹기)

3. 강도나 초점에 있어서 비정상적으로 극도로 제한되고 고정된 흥미(예, 특이한 물체에 대한 강한 애착 또는 집착, 과도하게 국한되거나 고집스러운 흥미)

4. 감각 정보에 대한 과잉 또는 과소 반응, 또는 환경의 감각 영역에 대한 특이한 관심(예, 통증/온도에 대한 명백한 무관심, 특정 소리나 감촉에 대한 부정적 반응, 과도한 냄새 맡기 또는 물체 만지기, 빛이나 움직임에 대한 시각적 매료)

현재의 심각도를 명시할 것:

심각도는 사회적 의사소통 손상과 제한적이고 반복적인 행동 양상에 기초하여 평가한다.

C. 증상은 반드시 초기 발달 시기부터 나타나야 한다(그러나 사회적 요구가 개인의 제한된 능력을 넘어서기 전까지는 증상이 완전히 나타나지 않을 수 있고, 나중에는 학습된 전략에 의해 증상이 감춰질 수 있다).

D. 이러한 증상은 사회적, 직업적 또는 다른 중요한 현재의 기능 영역에서 임상적으로 뚜렷한 손상을 초래한다.

E. 이러한 장애는 지적장애(지적발달장애) 또는 전반적 발달지연으로 더 잘 설명되지 않는다. 지적장애와 자폐스펙트럼장애는 자주 동반된다. 자폐스펙트럼장애와 지적장애를 함께 진단하기 위해서는 사회적 의사소통이 전반적인 발달 수준에 기대되는 것보다 저하되어야 한다.

주의점: DSM-IV의 진단기준상 자폐성장애, 아스퍼거 장애 또는 달리 분류되지 않는 광범위성 발달장애로 진단된 경우에서는 자폐스펙트럼장애의 진단이 내려져야 한다. 사회적 의사소통에 뚜렷한 결함이 있으나 자폐스펙트럼장애의 다른 진단 항목을 만족하지 않는 경우에는 사회적(실용적) 의사소통장애로 평가해야 한다.

다음의 경우 명시할 것:

지적 손상을 동반하는 경우 또는 동반하지 않는 경우

언어 손상을 동반하는 경우 또는 동반하지 않는 경우

알려진 의학적 · 유전적 상태 또는 환경적 요인과 연관된 경우

(부호화 시 주의점: 관련된 의학적 또는 유전적 상태를 식별하기 위해 추가적인 부호를 사용하시오)

다른 신경발달, 정신 또는 행동 장애와 연관된 경우

(부호화 시 주의점: 관련된 신경발달, 정신 또는 행동장애를 식별하기 위해 추가적인 부호를 사용하시오)

긴장증 동반(정의에 대해서는 다른 정신질환과 관련이 있는 긴장증의 기준을 참조하시오)(부호화 시 주의점: 공존 긴장증이 있는 경우에는 자폐스펙트럼장애와 관련이 있는 긴장증에 대한 추가적인 부호 293.89[F06.1]을 사용할 것)

2) 자폐스펙트럼장애의 기능적 결과(DSM-5)

자폐스펙트럼장애가 있는 어린 아동의 경우 사회적, 의사소통 능력의 결핍은 학습, 특히 사회적 상호작용이나 또래들과 함께하는 환경을 통해 학습하는 것을 방해할 수 있다. 가정에서는 감각 과민성뿐만 아니라 규칙적으로 하는 일과에 대한 고집과 변화에 대한 혐오가 식사나 수면을 방해할 수 있고, 정기적인 관리(예: 이발, 치아 관리)를 극도로 어렵게 만들 수 있다. 적응적 기술은 일반적으로 측정된 지능에 비해 낮은 수준이다. 계획, 조직화, 변화에 대한 대처 능력의 어려움은 학업 성취에 부정적인 영향을 끼치며, 이는 평균 이상의 지능을 가진 학생에게서도 나타날 수 있다. 성인기 동안에도 지속적으로 경직되어 있고 새로움에 적응하기 어렵기 때문에 독립하는 데 어려움을 겪을 수 있다.

자폐스펙트럼장애 환자 중 심지어 지적장애가 없는 경우에도 독립적인 생활과 돈벌이가 되는 직장생활과 같은 평가로 측정되는 성인의 정신사회적 기능은 좋지 못하다.

노년에서의 기능적 결과는 알려진 바가 없지만 사회적 고립과 의사소통의 문제(예: 도움 추구 행동의 감소)는 노년기의 건강에 영향을 끼칠 수 있다.

2. 자폐스펙트럼장애 특성

자폐스펙트럼장애가 있는 아동은 모든 기능영역이나 대부분의 기능영역에서 자폐스펙트럼장애의 심한 영향을 받지만, 어떤 아동은 단지 가벼운 영향을 받고, 다른 장애명으로 진단을 받은 아동도 자폐스펙트럼장애의 여러 특성을 공유할 수도 있다. 따라서 같은 진단을 받은 두 아동이 명백히 다른 방식으로 영향을 받게 될 수도 있다.

1) 사회적 관계의 손상

- 타인의 정서 상태 인식, 감정표출, 애착 및 관계 형성에 어려움을 겪는다.
- 꼭 껴안아 주기 등 부모의 애정에 관심을 보이지 않는다.
- 타인과 함께 있거나 혼자 있는 것에 별로 개의치 않는다.
- 머리 끄덕이며 인사하기, 손 흔들며 인사하기 등 사회적 몸짓을 사용하지 않는다.
- 자신이 원하는 것을 얻기 위해 사회적 요소가 결여된 다른 사람의 손 당기기, 끌기, 밀기 등의 기초적 몸짓을 사용한다.
- 어느 누군가가 바라보고 있는 곳을 자신도 바라보는 행동인 상호 관심 갖기에 결함이 있다. 상호 관심 갖기는 자신과 타인이 동일한 관계 구조에서 상호작용을 하게 해 주고, 언어와 사회적 기술발달에 있어서 중요한 요소다.

2) 의사소통과 언어 결함

- 자폐스펙트럼장애 아동은 말을 잘하지 않고, 종종 단순한 말소리를 낸다.
- 다른 사람들이 한 말을 똑같이 되풀이하는 반향어를 사용하며 맥락에 맞지 않는 말을 하고, 일부 자폐스펙트럼장애 아동은 일상적인 어휘를 획득하지만 유용하고 적절한 방식으로 사용하지 못한다.
- 관용적인 표현이나 추상적인 개념보다 분명한 인과 관계와 명백하게 답할 수 있는 질문들을 더 쉽게 이해한다.
- 언어의 사회적 의미를 이해하지 못한다.

3) 지적 기능

- 높고 낮은 다양한 범위의 지적 능력을 보인다. 비록 자폐스펙트럼장애 아동이 다양한 범위의 지적 능력을 보인다 해도 70~80%는 지적장애를 동반한다.
- 전체보다는 사람이나 사물의 몇 가지 특징에만 초점을 맞추려는 자극과잉선택성을 보인다.
- 자폐스펙트럼장애 아동 중 일부는 기계적 암기에 탁월한 능력을 보인다.

4) 감각 자극에 대한 비정상적인 반응

감각 자극에 비전형적인 방식으로 반응(과잉반응과 과소반응)한다. 과잉반응적 아동은 특정 소리에 견디지 못하고, 타인이 몸에 손을 대는 것이나 서로 몸이 부딪히는 것, 어떤 옷감에 대한 감촉을 싫어할 수 있으며, 특정 냄새나 맛의 음식 섭취를 거부할 수도 있다.

5) 동일성과 보존성에 대한 고집

- 모든 것이 매일 같은 장소에 있기를 고집하고, 어떠한 물건이 이동하게 되면 아주 불안해지는 등 동일성에 대한 강박적 욕구가 있다.
- 언어를 사용하는 자폐스펙트럼장애 아동은 특정 대상에 몰입하거나 관심 영역에 만 몰두하여 한 가지 주제에 대해 끊임없이 이야기하며, 자기 관심사 외 다른 것들 은 관심이 없고, 대답과는 관계없이 자신이 하고 싶은 말이나 질문을 반복한다.

6) 의식적 및 비정상적 행동유형

주변을 빙빙 돌거나, 몸을 흔들거나, 반복해서 서너 개의 어조로 콧소리 내기 등 상동 행동을 한다.

7) 문제행동

자기 자신을 물어뜯거나, 머리를 벽에 부딪치고 날카로운 모서리에 자해하는 것 등 자신이나 타인을 향해 공격하는 형태의 문제행동을 보인다.

짚고 가기

햇빛이 프리즘을 통과하며 여러 가지 색의 빛으로 나눠지는 것처럼 자폐스펙트럼장애 아동은 증상적 특징이나 기능 수준이 같은 아동들이 거의 존재하지 않을 정도로 개개인이 모두 독특한 특성을 지니고 있다. 그럼에도 대부분의 자폐스펙트럼장애 아동은 공통적으로 대인관계 형성과 유지 같은 사회성, 언어와 의사소통에 심각한 장애를 보인다.

이러한 자폐스펙트럼장애 아동이 인지능력 향상, 심리적 이완 및 정서표현 등을 목적으로 미술치료 서비스를 이용하고자 할 때 대상 아동이 그림을 전혀 그리지 못한다면 치료사는 참으로 난감함을 느끼게 된다. 어떤 유형의 장애 아동이라도 같은 어려움을 느끼겠지만, 자폐스펙트럼장애 아동은 전반적으로 언어발달 지체를 보이는 데다 어느 정도 언어발달이 이루어진 아동이라 할지라도 미술치료에서 주로 다루는 상징이나 감정과 느낌 등을 의미 있게 표현하며 나누는 것에는 어려움을 많이 보이기 때문이다.

일반적으로 자폐스펙트럼장애 아동은 언어적 정보를 이해하고 사용하는 데 어려움을 겪기 때문에 이 아동들의 의사소통 능력을 증진시키는 방법으로는 자폐스펙트럼장애 아동의 장점으로 알려진 시각적 전략을 발달시키는 방법이 활용되고 있다. 따라서 그림을 전혀 그리지 못하는 자폐스펙트럼장애 아동에게 그림을 그릴 수 있도록 가르치는 것은 미술치료를 제공하는 아주 중요한 시작점이라고 할 수 있다.

그림으로 사물과 사람을 표현할 수 있게 된 아동일지라도 자폐스펙트럼장애의 주요한 특징 중의 하나인 변화와 전환에 대한 저항감을 표현하는 아동을 많이 보게 된다. 변화와 다른 활동으로 전환하는 것에 대한 적절한 대처를 방해하는 불안감은 다음 활동을 예상하지 못함에서 비롯되는 문제로 볼 수 있다. 이런 아동에게는 반복해서 그리기 등 이후의 활동을 예측 가능하게 만들어 주는 미술치료 활동을 통해 아동이 느끼는 불안감을 감소시키고 미술치료를 즐길 수 있도록 도와줄 수 있다.

자페스펙트럼장애의 뚜렷한 특징 가운데 하나는 언어나 문자가 아닌 시각적으로 사고하는 경향이다. 머릿속에 구어적으로 단어를 회상하는 대신 정보를 시각화하는 경향은 모든 자페스펙트럼장애 아동에게 해당되는 것은 아니지만 임상 현장에서 만나게 되는 자페스펙트럼장애 아동의 대부분은 시각적 정보를 처리하는 능력이 뛰어나고, 시각적으로 사고하는 유형이다. 이러한 결과는 미술치료에서 의미하는 바가 매우 크다.

사회적 개념이라는 것은 지극히 추상적인 것이 많아 인지 능력과 언어 능력이 떨어지는 자페스펙트럼장애 아동이 이해하기란 쉽지 않다. 따라서 독립적인 사회생활에서 필수적으로 이해하고 활용할 수 있어야 하는 사회적 개념들을 시각화시키는 작업은 미술치료를 통해 개념 이해를 도와줄 수 있는 탁월한 활동이라 할 수 있다. 따라서 이해하기 어려운 글이나 언어를 시각화하는 미술치료 과정은 자페스펙트럼장애 아동의 인지나 정보처리에 도움을 줄 수 있다.

자페스펙트럼과 관련한 수많은 가설과 연구 중에 언어 청취에 관련한 뇌 부위가 비장애인은 왼쪽이고 자페스펙트럼장애인은 오른쪽이라는, 즉 언어 청취에 관련된 뇌 부위가 비장애인과는 반대쪽이라는 보고가 있다. 이 보고는 오른손잡이인 비장애인의 경우 좌뇌가 언어를 관장하는 비율이 95%인데 오른손잡이인 자페스펙트럼장애인의 경우는 5% 이하인 것으로 밝혔다(Paxton, 2007).

우리나라의 전체 교육과정은 언어를 통한 학습의 비중과 가치가 절대적으로 높기 때문에, 언어 기능 담당 부위가 우뇌인 자페스펙트럼장애 아동들에게 우뇌를 자극하고 우뇌 기능을 향상시킬 수 있는 프로그램을 실시하는 것은 의미가 있으며 새로운 시도가 될 수 있다.

함께 가기

1

그림 가르치기

▌목 표

1. 그림을 전혀 그리지 못하는 아동이 그림을 그릴 수 있는 준비단계로 활용할 수 있다.
2. 그림을 전혀 그리지 못하는 아동이 순차적으로 사물, 사람, 공간을 그림으로 표현할 수 있다.

▌단계별 적용

그림을 전혀 그리지 못하는 아동을 대상으로 [1단계]에서는 점 찍기부터 시작하여 직선 긋기, 사선 긋기, 곡선 긋기를 배우고 연습한다. 점과 선이 이어져 면이 만들어지는 것을 배우고, 색칠하거나 오려 붙여서 면을 채우거나 메울 수 있는 것을 알게 된다. 면에 대한 개념이 형성되면 선을 이어 동그라미, 네모, 세모 그리기를 연습한다. 동그라미, 네모, 세모만 그릴 수 있으면 사람과 사물을 표현할 수 있기 때문에 도형 그리기는 그림으로 표현하는 것을 배울 때 중요한 단계다. [2단계]에서는 도형과 도형을 결합하여 사물과 사람 그리기, 사람과 사물이 함께 있는 공간 그리기 순서로 연습한다. 종이에 그려서 표현하는 평면작업과 과자를 이용해 평면에서 입체로 넘어가는 단계를 함께 경험할 수 있다. [3단계]는 도형을 이어 붙여 만든 사물이나 사람, 또는 그 형상을 보고 그린 후 실제 사람과 실제 사물의 세부적인 부분까지 그림으로 묘사하고 표현하는 단계로 진행된다.

1
단
계

점, 선, 면 이해와 도형 그리기

▍준비물

다양한 모양의 과자, 초코시럽이나 화장품 샘플, 일회용 접시, 도형카드(동그라미, 세모, 네모), 도화지, 색종이, 크레파스, 색연필, 가위, 풀

▍활동방법

1. 접시에 미리 담아 놓은 다양한 모양의 과자 중에서 점 모양, 선 모양, 면 모양의 과자를 분류한다.

2. 초코시럽이나 화장품 샘플을 검지를 이용하여 도화지에 자유롭게 찍는다. 손가락으로 점 찍기가 가능하면 크레파스나 색연필로 점을 찍는다.

3. 점과 점을 이어 선을 긋는다.

4. 점과 점이 이어진 선 안에 만들어진 면에 대해 설명해 주고 초코시럽이나 화장품으로 면을 메우거나 크레파스로 면을 색칠하거나 색종이로 면을 채우는 연습을 한다.

5. 생활 속에서 선과 형(예: 동그란 형태, 뾰족한 형태)을 관찰하고 찾아본다.

6. 도형 카드로 동그라미와 네모, 세모 모양을 분류하는 연습을 한다.

7. 크레파스로 동그라미 도형 그리기 연습을 한다.

8. 크레파스로 사선과 직선을 이어 네모 도형 그리기 연습을 한다.

9. 크레파스로 세모 도형 그리기 연습을 한다.

과정 1. 점, 선, 면 모양 분류

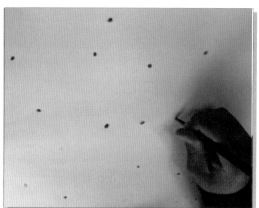

과정 2. 점 찍기

과정 3. 점 이어 선 긋기

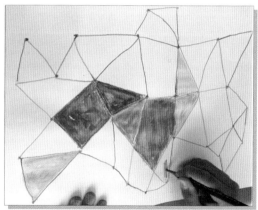

과정 4-1. 색칠하여 면 메우기

과정 4-2. 색종이로 면 메우기

과정 5. 생활 속 선과 형 관찰

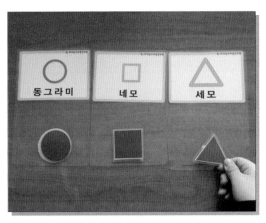

과정 6. 도형 분류하며 익히기

과정 7. 도형 그리기

▌Tip

1. 선 긋기 연습을 할 때는 수직선을 먼저 연습하도록 한다. 신체 발달상 어깨를 좌우로 움직이는 것보다는 상하로 움직이는 것이 먼저 가능하기 때문에, 선을 그을 때도 수평선보다는 수직선을 먼저 긋는 연습이 신체 발달단계에 적절하다.

2. 동그라미를 그리지 못하는 아동의 경우 손목 돌리기가 가능한지를 우선 확인하도록 한다. 아동의 생활연령이 손목 돌리기가 가능한 2세가 넘었더라도 손목 돌리기가 안 될 경우 동그라미 그리기가 어렵기 때문에, 아동의 생활연령과 상관없이 손목 돌리기 연습을 우선적으로 시키는 것이 바람직하다.

2단계

도형 결합을 통한 사물표현과 공간 구성하기

준비물

도형 블록, 다양한 모양의 과자, 도화지, 크레파스

활동방법

1. 동그라미, 네모, 세모 모양의 블록을 결합하여 나무, 집, 사람, 자동차 등 사물 모양을 만든다.
2. 블록으로 만든 모양을 보고 도화지에 크레파스로 그린다.
3. 동그라미 도형과 네모 도형을 결합하여 나무 그리기를 연습한다.
4. 세모 도형과 네모 도형을 결합하여 집 그리기를 연습한다.
5. 동그라미 도형과 세모 도형을 결합하고 팔과 다리를 덧그려 사람 그리기를 연습한다.
6. 네모 도형과 동그라미 도형 2개를 결합하여 자동차 그리기를 연습한다.
7. 집과 나무와 사람, 자동차를 함께 그려 공간을 구성하고 언어로 표현하는 연습을 한다(예: 집 옆에 나무가 있고 나무 앞에 사람이 자동차를 타려고 해요.).
8. 사물을 여러 개 그려 공간 구성 또는 상황 표현이 가능해지면 꿀이나 시럽, 잼 등을 이용하여 붓 또는 손가락으로 면을 메워 채색하기 연습을 한다.

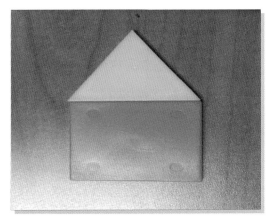

과정 1. 도형 블럭 모양 만들기

과정 2. 보고 그리기

과정 3-1. 원과 네모 결합하여 나무 그리기

과정 3-2. 원과 세모 결합하여 사람 그리기

과정 4-1. 도형 결합하여 공간표현(그림)

과정 4-2. 도형 결합하여 공간표현(평면)

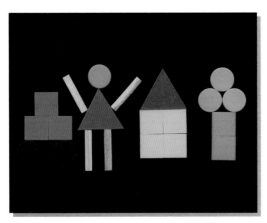

과정 4-3. 도형 결합하여 공간표현(입체)

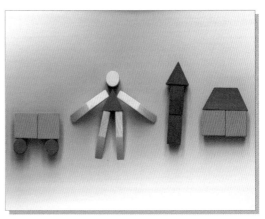

과정 4-3. 블록 결합하여 공간표현(입체)

▍Tip

도형을 결합하여 그림을 그릴 때 평면작업으로 보고 그리는 것이 익숙해지면 다양한 매체를 이용하여 도형을 결합한 사물을 표현해 보도록 한다. 사물의 형상을 인지하고 그 특징을 기억하는 데 더욱 도움이 된다.

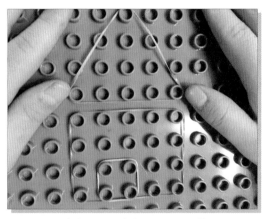

예시 1. 블록판에 고무줄로 표현

예시 2. 컬러 전기테이프로 표현

3단계

결합도형으로 사물과 공간 세부 묘사하기

▌준비물

다양한 모양의 과자, 도화지, 크레파스, 가위, 풀

▌활동방법

1. 동그라미, 네모, 세모 모양의 사물을 찾아보고, 도형과 같은 모양인 사물의 구체적이고 세부적인 형태를 관찰하고 묘사한다(예: 동그라미 모양인 시계는 숫자가 있고 바늘이 있어요.).

2. 도형카드와 사물카드 짝짓기 연습을 통해 형태와 구체적 모양을 인식한다.

3. 도형으로 동물이나 사물의 특징을 살려 그림으로 표현한다.

4. 세모와 네모를 결합하여 집 모양을 만든 후 지붕의 기와, 벽에 있는 문이나 창문 등 세부적인 형상이나 특징을 추가하여 그림으로 표현한다.

5. 세부 모양이나 특징이 드러나도록 과자로 동물이나 사물을 만든다.

6. 도형을 결합하여 집, 나무, 사람 등을 만들어서 생긴 공간, 상황에 맞게 세부적인 내용이 표현되도록 그림을 그린다(예: 동그라미와 세모를 결합하여 사람을 만들었는데 아동이 그 결합도형을 보고 사람이 공놀이를 하고 있는 상황이라고 표현했다면, 손과 공을 추가로 그려서 사람이 공놀이를 하고 있는 모습이나 상황을 만든다.).

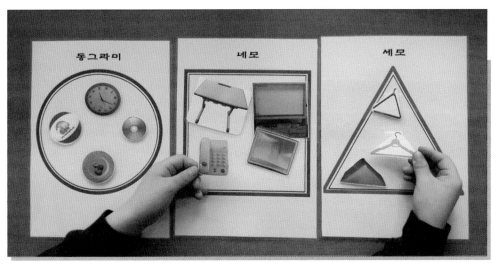

과정 1. 도형과 사물 짝짓기

과정 2-1. 도형으로 동물 표현하기

과정 2-2. 도형으로 동물 표현하기

과정 3-1. 결합도형으로 사물표현(평면)

과정 3-2. 결합도형으로 사물표현(입체)

과정 4-1. 결합도형으로 공간표현(평면)

과정 4-2. 결합도형으로 공간표현(입체)

2

풍경구성기법(LMT) 활용

▌목 표

1. 풍경구성기법 그리기를 통해 사물 표현과 공간, 관계에 대한 인지 능력을 향상시킨다.
2. 다양한 방법으로 풍경구성기법 그리기를 하며 매체의 통제와 감정의 표현을 통한 자발적이고 능동적인 표현의 즐거움을 느낄 수 있다.

▌단계별 적용

풍경이라는 환경과 그것을 구성하는 10가지 대상에 대해 지각하고 그 지각한 사물을 그림으로 표현 가능한 아동을 대상으로 할 수 있다. 아동이 10가지 대상을 실제 사물의 형상처럼 그려 내지 못하더라도(예: 동그라미를 그려 놓고 강아지라고 이야기하는 경우) 제지하지 않고 그림을 완성하도록 허용한다. [1단계]에서는 풍경이 그려진 그림을 색칠하거나 그 풍경을 구성하는 요소들을 오려 내어 자신만의 풍경을 재구성해 보며 재구성한 풍경을 보고 그리는 활동을 한다. [2단계]는 매일 1장씩 일정 기간 동안 꾸준히 풍경구성기법을 반복해서 그리는 단계다. 풍경구성기법을 반복해서 그리다 보면 가르쳐 주지 않아도 구도와 채색이 바뀌고 구성요소 간의 관계가 향상되는 것을 관찰할 수 있게 된다. [3단계]에서는 화지에 그린 평면의 풍경구성기법을 조각 또는 부조 작품으로 표현해 봄으로 평면과 입체가 공존하는 공간의 표현과 평면에서 3차원으로 표현되는 사고의 전환을 경험할 수 있다.

1 단계

보고 그리기

▌준비물

도안(다양한 풍경), A4용지, 검정색 사인펜, 크레파스나 색연필, 가위, 풀

▌활동방법

1. 다양한 풍경 도안을 보고 마음에 드는 도안을 선택한다.

2. 도안의 테두리를 따라 크레파스나 색연필로 색칠하면서 풍경을 구성하는 요소에 어떤 것들이 있는지 이야기한다.

3. 도안 색칠을 마치면 가위로 풍경을 구성하는 요소들을 각각 오린다.

4. 오려 놓은 풍경을 구성하는 요소들을 재배치하여 자신이 표현하고자 하는 새로운 풍경으로 구성한다.

5. 새롭게 재구성한 풍경을 보고 종이에 검정색 사인펜으로 따라 그린다.

과정 1. 풍경 도안 색칠하기

과정 2. 풍경 구성요소 오리기

과정 3. 재구성하기

과정 4. 재구성한 그림을 보고 그리기

▌Tip

1. 풍경 달력처럼 봄, 여름, 가을, 겨울 각 계절에 따른 변화가 확연히 드러나는 풍경 그림이나 사진을 제시해 주어 계절이나 장소에 따른 풍경과 경치를 경험할 수 있도록 해 주면 개념적 학습뿐만 아니라 정서나 심리 이완에도 도움을 줄 수 있다.

2. 눈 덮인 높은 산이나 과수원에서 과일을 따는 사람 등 자신이 직접 접하거나 경험해 보지 않은 풍경일지라도 보고 그리는 활동을 통해 누가 어디서 무엇을 하고 있는지 표현하고 설명해 볼 학습적 기회를 가질 수 있고, 관련된 개념 습득 효과를 기대할 수 있다.

3. 풍경구성기법 보고 그리기를 통해 상황 표현이 가능해지면 상황에 따른 사람의 감정표현도 연습할 수 있다.

반복 그리기

▌준비물

 A4용지, 검정색 사인펜, 색연필

▌활동방법

1. A4용지에 치료사가 검정색 사인펜으로 테두리를 그려 준 후 아동에게 가로 방향으로 종이를 제시한다.

2. 치료사가 제시하는 강, 산, 논이나 밭, 길, 집, 나무, 사람, 꽃, 동물, 돌 등 열 가지 대상을 순서대로 그려 풍경을 구성한다.

3. 자신이 그린 풍경을 보며 감상하는 시간을 가진다.

4. 자신이 그린 풍경을 충분히 감상한 후 추가로 그리고 싶은 것이 있다면 어떤 것이라도 가능하다고 허용하여 1가지를 추가해서 그리고 색칠한다.

5. 가정에서 매일 1장씩 풍경구성기법을 반복해서 그릴 수 있도록 부모상담을 실시한다.

6. 가정에서 매일 그린 풍경구성기법을 모아 치료실에 가져오도록 해서 치료사는 그림의 변화를 살펴보고 기록한다.

사례 1.

아스퍼거증후군, 초등6, 남학생

첫 회기 그림

4개월 반복 그리기 후 그림

8개월 반복 그리기 후 그림

12개월 반복 그리기 후 그림

풍경을 구성하는 열 가지 대상을 순서적으로 반복하고 나열해서 그리던 아동이 4개월 반복 그리기 후 처음으로 바탕색을 표현하였다. 바탕을 채워 넣는 것은 대상과 주변과의 관계 형성 의도로 볼 수 있다. 8개월 반복 그리기 후 그림에서는 인물의 행위가 표현되었는데, 친구들이 같이 놀러 간다고 하여 타인에게 관심이 없던 아동이 사람과의 관계가 즐거움을 그림으로 표현하였다. 12개월 동안 반복 그리기를 하면서 자연스럽게 구도나 원근이 표현되었고, 균형이 맞지 않던 위치나 사물들이 안정되게 표현되었으며, 풍경의 내용도 사람과의 관계나 감정을 표현하는 것으로 바뀌었다.

사례 2.   자폐스펙트럼장애, 초등1, 남학생

첫 회기 그림

3개월 반복 그리기 후 그림

8개월 반복 그리기 후 그림

15개월 반복 그리기 후 그림

아동은 첫 회기에 풍경을 구성하는 대상이 서로 관계를 전혀 맺지 못하고 각각이 따로 나열되는 그림을 그렸다. 3개월 반복 그리기 후의 그림도 공간이 조금 더 넓게 사용되고 사물의 형태가 구체화되었지만 사물의 고유색이나 크기 등은 적절하게 표현하지 못하였다. 8개월 반복 그리기 후 아동은 훨씬 정교하고 구체화된 그림을 그렸지만 공간에서 적절한 위치나 크기는 표현하지 못하였다. 15개월 반복 그리기 후 아동은 각 대상들이 어우러져 풍경이라는 공간을 표현할 수 있게 되었고, 대상이 있어야 할 위치들 역시 적절하게 표현하였다.

사례 3.

자폐스펙트럼장애, 초등2, 여학생

첫 회기 그림

4개월 반복 그리기 후 그림

8개월 반복 그리기 후 그림

10개월 반복 그리기 후 그림

첫 회기에 아동은 사물의 형태조차 잘 변별되지 않는 그림을 그렸다. 3개월이 지나자 사물의 형태는 알아볼 수 있을 정도의 그림이 표현되기 시작하였고, 8개월이 지나자 사물과 대상의 크기가 커지고 형태도 구체화되어 표현되기 시작하였으며 대상 간 관계도 표현되기 시작하였다. 10개월 반복 그리기 후 대상 간 위치와 구도가 안정적이 되었고, 내용도 대상과 사람의 관계가 함께 표현되기 시작하였다.

▌Tip

1. 열 가지 개념이 순차적으로 반복되는 구조화된 기법인 풍경구성기법 그리기를 반복하는 것은 변화에 대한 저항으로 반복 그리기 경향이 있는 자폐스펙트럼장애 아동에게 새로운 상황에 대한 거부와 불안을 줄여 심리적 안정과 만족감을 줄 수 있다.

2. 풍경구성기법은 테두리로 둘러싼 구조화된 공간에 하나의 통합된 전체를 구성하는 구성적 표상을 기초로 하는 방법이기 때문에 형태와 배경에 대한 구분을 가능하게 하여 공간적인 관계에 대한 인지적 구별 능력도 향상시킬 수 있다.

3단계

입체로 표현하기

▌준비물

A4용지, 아동이 그린 풍경구성기법 그림을 복사한 그림 1장, 검정색 사인펜, 색연필, 가위, 풀

▌활동방법 1.

1. 치료사가 풍경을 구성하는 열 가지 대상을 순서대로 제시하여 아동이 A4용지에 검정색 사인펜으로 풍경구성기법을 그린다.
2. 아동이 그린 풍성구성기법 그림을 복사한다.
3. 아동이 그린 풍경구성기법 그림을 풍경 구성요소별로 가위로 오려 놓는다.
4. 오려 놓은 각 요소들을 반으로 접었다 펴서 입체적으로 보이게 만든다.
5. 오려서 반으로 접었다 펴 놓은 요소들을 복사한 그림 위에 살짝 겹치도록 풀로 붙인다.
6. 평면 그림과 입체 그림을 보며 다르게 느껴지는 부분을 관찰하고 설명한다.
7. 활동 후 느낀 점에 대해서 이야기 나눈다.

완성 작품 1: 풍경구성기법 그림

완성 작품 2: 구성요소 입체화

▎준비물

투명 구두약, 조각 천, A4용지, 검정색 사인펜, 아크릴 물감과 채색도구, 목공풀

▎활동방법 2.

1. 치료사가 풍경을 구성하는 열 가지 대상을 순서대로 제시하여 아동이 A4용지에 검정색 사인펜으로 풍경구성기법을 그린다.
2. 풍경 그림의 검정색 사인펜 선을 따라 목공풀로 덧그린 후 말린다.
3. 하얀색 목공풀이 마르면서 점점 투명해지는 것을 관찰해 보고, 완전히 마르면 손으로 만져 보아 목공풀이 마르면서 볼록하게 올라온 선 때문에 전체 풍경이 올록볼록한 입체로 바뀐 것을 느껴 본다.
4. 황토색 계열의 아크릴 물감으로 전체를 동판화 느낌이 나도록 칠한다.
5. 물감이 마르면 조각 천으로 투명 구두약을 문질러 칠해서 광택이 나도록 한다.
6. 활동 후 느낀 점에 대해서 이야기 나눈다.

과정 1. 풍경구성기법 그리기

과정 2. 목공풀로 덧그리기

과정 3. 물감 칠하기

과정 4. 구두약 칠하기

▎준비물

OHP필름, 화선지, 찰흙, 롤러 또는 붓, 나무젓가락이나 찰흙칼

▎활동방법 3.

1. OHP필름 위에 찰흙을 올려 놓고 손가락으로 누르고 밀어서 넓고 얇게 펴서 찰흙판을 만든다.
2. 찰흙판 위에 열 가지 풍경 구성요소를 순차적으로 나무젓가락 끝이나 찰흙칼을 이용하여 그린다.
3. 찰흙판 위에 그린 풍경 구성요소에 롤러 또는 붓으로 물감을 바른다.
4. 화선지를 덮고 손으로 문질러 찰흙판에 그려진 풍경구성기법의 그림을 찍어 낸다.
5. 활동 후 느낀 점에 대해서 이야기 나눈다.

과정 1. 찰흙판에 풍경 구성요소 그리기

과정 2. 롤러로 물감 바르기

과정 3. 화선지 덮어 문지르기

과정 4. 완성 작품

Tip

1. 칼로 도려내기가 가능하면 그려 놓은 풍경구성기법 그림의 형태를 일부 도려내어 세워서 입체화로 표현할 수도 있다.

2. 찰흙으로 조각한 작업은 입체 작업이기 때문에 그 작업 전에 종이로 부조를 경험할 수 있도록 돕는 작업을 먼저 하는 것이 좋다.

3. 찰흙칼 대신 나무젓가락을 사용할 경우 나무젓가락을 반으로 쪼갠 후 한쪽을 연필깎이에 깎아서 끝을 뾰족하게 만들어 사용하면 연필로 그림을 그리는 듯 이용하기에 편리하다.

4. 찍어 낸 풍경 그림에 덧그리거나 덧칠하기로 새롭게 풍경을 구성해 본다.

예시 1-1. 칼로 일부 도려내기

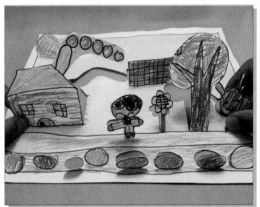

예시 1-2. 세워서 입체화로 표현

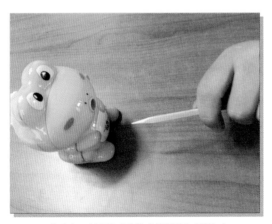

예시 2. 나무젓가락을 연필처럼 만들기

예시 3. 탁본 작품에 덧칠하기

3

사용설명서

▌목 표

1. 사용 순서를 그림으로 시각화시킬 수 있다.
2. 사용 순서를 시각화시키는 작업을 통해 사용방법을 좀 더 쉽게 이해하고 실생활에
   적용할 수 있다.

▌단계별 적용

[1단계]에서는 그림으로 제시된 제품의 조리법이나 설명서를 그대로 보고 그리거나
베껴 그리는 작업을 한다. 이 작업을 통해 순차적이고 단계적인 내용을 시각화시켜
그림으로 표현할 수 있음을 알 수 있다. 또한 짧게 설명하는 내용을 가장 적절하게 전
달할 수 있는 그림 그리기가 어떤 것인지 기존의 그림 설명서를 통해 그 수준을 확인
하며 모델링할 수 있다. [2단계]에서는 글로 설명되어 있는 조리법이나 설명서를 시
각화시켜 그림으로 표현해 보는 작업을 한다. 설명서 내용의 전부를 그림으로 표현
하는 것이 아니라 조리, 작동, 조립 방법을 그림으로 표현해 낼 수 있도록 하는 지도
가 필요하다. [3단계]에서는 자신이 이미 사용해 본 물건이나 게임 등의 사용방법을
직접 설명서로 제작하는 활동을 경험해 본다. 전혀 내용을 모르는 사람도 자신의 그
림 설명서를 보면 알고 싶거나 배우고 싶은 것을 쉽게 따라 할 수 있을 정도로 자신이
알고 있는 것을 자세하고 정확하게 표현하도록 격려한다.

베껴 그려 만들기

▌준비물

조리법이 그림으로 표현된 라면 봉지(또는 그림으로 그려진 다양한 설명서), 32절 크기
의 종이, 사인펜, 색연필

▌활동방법

1. 라면 봉지 뒷면의 조리법이 글과 그림으로 표현된 제품을 고른 후 조리법을 자세
   히 살펴본다.

2. 조리법을 먼저 소리 내어 읽고, 그림과 비교해서 설명한다.

3. 조리법에 함께 그려진 그림을 보고 32절 크기의 종이 1장에 1단계씩 보고 그린다.
   보고 그리기가 힘들면 베껴 그린다.

4. 보고 그리거나 베껴 그린 그림만 보면서 아동이 조리법을 설명해 보고, 기억이 나
   지 않거나 설명하기 힘든 부분은 그림을 보며 다시 조리법을 익힌다.

5. 활동 후 느낀 점에 대해서 이야기 나눈다.

과정 1-1. 라면 조리법 설명서 관찰

과정 2-1. 설명서 보고 그리기

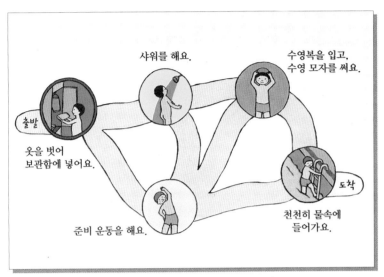

과정 1-2. 수영장 사용설명서 관찰[1]

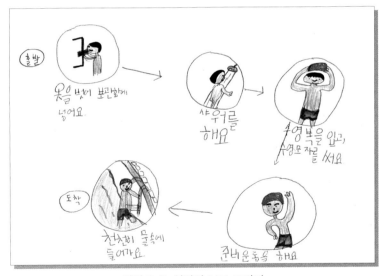

과정 2-2. 설명서 보고 그리기

---

1) 김연아(2011). 똑똑한 유아 독해-2단계(1) 생활글. 서울: 웅진씽크빅.

2단계

시각화시켜 만들기

▎준비물

조리법에 대한 설명이 적혀 있는 케이스나 다양한 설명서, 32절 크기의 종이, 사인펜, 색연필

▎활동방법

1. 조리법을 기록한 설명서의 역할, 좋은 점, 필요성 등에 대해 이야기 나눈다.

2. 케이스 뒷면에 적혀 있는 조리법에 대한 설명을 소리 내어 읽는다.

3. 읽은 조리법을 기억나는 대로 떠올려 자신이 이해한 방법으로 설명한다.

4. 조리법을 시각화시켜 32절 크기의 종이 1장에 1단계씩 그림으로 그린다.

5. 순서대로 그린 조리법 그림을 보며 말로 설명해 보고, 실제 적혀 있던 조리법 내용과 비교한다.

6. 활동 후 느낀 점에 대해서 이야기 나눈다.

전자렌지용 용기, 우유 40 mℓ, 숟가락(또는 고무주걱), 초콜릿 담을 사각틀
(가로 12 cm X 세로 12 cm), 비닐 랩, 위생장갑 2매

1. 섞기
전자레인지용 용기에 초콜릿믹스와 우유 40 mℓ를 넣고 가루분말이 보이지
않을 때까지 약 30초간 숟가락(또는 고무주걱)으로 잘 섞어주세요.

2. 녹이기
전자레인지에 약 1분간 녹인 후, 진한 초콜릿 색상으로 변할 때까지
다시 한번 숟가락으로 잘 섞어줍니다.

3. 굳히기
비닐 랩을 바닥에 깔아 둔 사각 틀에 초콜릿을 평평하게 골고루 부어 준 후,
냉동고에서 약 1시간 30분 동안 굳혀줍니다.
※ 가정 내 냉동고 사양에 따라 초리시간에 편차가 발생할 수 있습니다.

4. 자르기
양 손에 위생장갑을 낀 후, 도마 위에 코코아파우더를 조금 뿌려둡니다.
냉동고에서 굳힌 초콜릿은 비닐 랩을 떼어 내어 도마 위에 올려 놓고
코코아파우더를 적당히 묻혀 가면서 먹기 좋은 크기로 커팅해 주세요.

특별한 수제초콜릿 즐기는 법!
인스턴트 분말 커피 1~2티스푼을 우유에 넣고 충분히 저어준 후,
수제초콜릿믹스와 잘 반죽해 주세요.

과정 1. 설명서 관찰

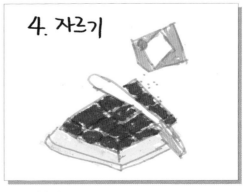

과정 2. 그림으로 표현하기

▍Tip

1. 설명서나 조리법을 읽어도 무슨 내용인지 잘 이해하지 못하는 경우에는 충분히 설명해 주고, 예를 들어 이해할 수 있도록 지도한 다음에 시각화시키는 작업을 해야 한다. 이해가 미처 되지 못한 것을 시각화시킬 경우 전혀 다른 결과의 그림이 표현될 수 있기 때문이다.

2. 설명서나 조리법을 시각화시키는 데 어려움을 호소하는 경우 실제 아동이 조리하는 모습을 사진으로 찍어 프린트해서 제시해 주고 사진을 보고 그림을 그려 보도록 하는 방법도 가능하다.

예시. 사진으로 찍어 제시하기

자신만의 설명서 만들기

▌준비물

32절 크기의 종이, 사인펜, 색연필

▌활동방법

1. 자신이 익숙하게 사용하거나 좋아하는 물건의 사용법에는 무엇이 있는지 생각하고 이야기한다.

2. 이야기 나눈 사용법 중 자신만의 설명서를 만들기 위한 주제를 한 가지 정한다.

3. 자신이 설명서 주제로 정한 내용을 3~4단계로 나누어 순서를 정한다.

4. 각 단계별 사용법을 시각화시켜 그림으로 그리고, 필요하다면 간단하게 글로 적는다.

5. 친구나 다른 사람에게 자신이 만든 사용설명서를 보여 주어 그림을 보며 설명서를 이해할 수 있는지 알아보고, 부족하거나 설명이 필요하다면 보충 또는 수정한다.

6. 활동 후 느낀 점에 대해서 이야기 나눈다.

사례 1.

자폐스펙트럼장애, 고등1, 여학생

1. 어플 터치하기

2. 이름 검사하기

3. 전송하기

카카오톡 보내기 설명서

자신이 자주 사용하는 카카오톡으로 메시지 보내기의 설명서를 만들어 보고 싶다고 하였다. ① 카카오톡 어플을 설치하여 ② 친구로 등록된 사람 중 이름을 검색하고 ③ 자신의 친구를 선택한 후 ④ 글자를 적고 전송 버튼을 눌러 메시지를 보낸다고 설명서를 그렸다.

사례 2.

아스퍼거증후군, 중등2, 남학생

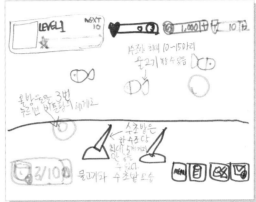

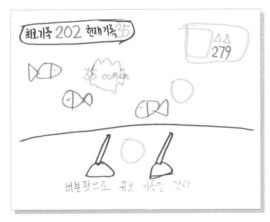
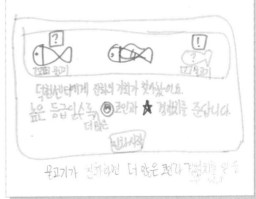

게임 설명서

아동이 즐겨 하는 '아쿠아○○○'라는 게임의 설명서를 그렸다. 게임 어플을 실행시키면 뜨는 화면을 설명서의 첫 장면으로 그렸고, 게임을 하면서 레벨을 올릴 수 있는 방법을 그림으로 그려서 표현하였다. 아동은 자신이 좋아하는 게임을 그림으로 설명할 수 있다는 것이 너무 좋다며 아주 즐거워하였다.

4

우뇌 자극과 활용

목표

1. 미술치료 작업과정을 통해 우뇌를 자극시켜 우뇌 기능을 향상시킬 수 있다.
2. 우뇌 자극을 통해 전뇌의 균형적인 발달을 통한 지능, 학습 능력, 감성 능력을 활성화시킬 수 있다.

단계별 적용

우뇌 기능이 발달되면 균형적인 전뇌의 활용이 가능하며 형태표현 능력, 정서지능 및 감성 능력 향상을 기대할 수 있다. [1단계]에서는 선과 칸에 집중하여 비례에 따른 형태를 변형시켜 보는 활동을 한다. 원래의 모습 이미지를 생각하려는 좌뇌의 활동보다 선의 모습과 선과 칸이 이루는 공간의 모습을 인식하려는 우뇌의 활동을 더욱 활발하게 유도할 수 있다. [2단계]는 사진의 일부분을 보고 자신만의 상상을 통해 나머지 부분을 연상하여 이미지를 만든 뒤 그 외의 부분을 채워 그리는 작업이다. 상상이나 공상을 그림을 그려 표현하는 작업으로 우뇌를 활성화시킬 수 있다. [3단계]는 그림을 볼 때 눈에 인식되는 세부의 형태는 무시하고 실루엣 형태로만 표현하는 연습을 해 보는 과정이다. 실루엣은 형태를 제외한 종이 여백을 보는 작업으로, 보고 있는 것이 무엇인가를 인지하려고 하는 좌뇌의 역할을 최소한으로 줄이고 실루엣의 형태에 더 집중하는 우뇌가 더 많은 역할을 하도록 연습하는 좋은 방법이다.

비례 변형

▌준비물

6×6칸 그려진 종이, 6×6칸의 비례를 변형시킨 종이, 사인펜, 색연필

▌활동방법

1. 가로 6칸, 세로 6칸이 그려진 종이를 가득 채울 수 있게 아동이 그리고 싶은 얼굴이나 동물, 사물을 한 가지 그린다.

2. 가로 6칸, 세로 6칸을 가로 또는 세로로 비례를 변형시키거나, 직선을 곡선으로 바꾸어 비례를 변형시킨 종이에 1번 순서에서 아동이 그려 놓은 그림을 사인펜으로 칸을 맞추어 옮겨 그리고 색칠한다.

3. 옮겨 그리면서 어려웠던 점, 옮겨 그려서 형태가 변형된 그림을 보면서 느낀 점 등을 이야기 나눈다.

과정 1-1. 오리 그림

과정 2-1. 곡선 비례 변형

과정 1-2. 얼룩소 그림

과정 2-2. 곡선 비례 변형

과정 1-3. 얼굴 그림

과정 2-3. 가로선, 세로선 비례 변형

과정 2-4. 곡선 비례 변형

과정 2-5. 곡선 비례 변형

▌Tip

1. 칸이 그려진 종이에 옮겨 그리는 그림은 가능하면 단순한 사물로 시작하는 것이 좋다. 과일처럼 단순한 사물을 어려움 없이 옮겨 그리면 점차로 복잡한 사물을 칸이 그려진 종이에 옮겨 그리도록 한다.

2. 비례 변형된 칸에 맞춰 그림을 바로 옮겨 그리기가 어려운 아동은 OHP필름 위에 선을 그리고 그 위에 그림을 그리도록 하는 방법도 그림을 스스로 옮겨 그리는 연습에 도움이 된다.

나머지 풍경 그리기

▌준비물

잡지(풍경이나 이미지 사진), 도화지, 사인펜, 색연필, 가위, 풀

▌활동방법

1. 잡지에서 아동이 마음에 드는 사물을 고른다.

2. 아동이 보는 앞에서 사물 사진의 일부를 잘라 내어 사물 사진의 일부만 도화지 위에 붙여서 제시한 후 아동에게 나머지 이미지를 그리도록 한다.

3. 치료사는 풍경이나 이미지 사진을 일부 오려 내거나 잘라 낸 후 아동에게 제시한다.

4. 일부분이 있는 사진을 보고 그 사진의 주변이나 상황을 자신만의 독창적인 생각으로 연상하고 상상해 보도록 한다.

5. 상상한 주변을 언어로 표현해 보고 그 상상을 그림으로 표현하려면 어떤 것들을 그리면 좋을지 이야기 나눈다.

6. 표현력에 중점을 두기보다는 연상과 독창적인 상상력에 비중을 두고 아동이 그림을 완성해 보도록 한다.

과정 1-1. 이미지 일부 자르기

과정 2-1. 일부 보고 완성하기

과정 1-2. 이미지 일부 자르기

과정 2-2. 일부 기억해서 그리기

과정 3-1. 예시 사진 제시(야영)

완성 작품 1: 폭풍우 치는 마을

과정 3-2. 예시 사진 제시(광장)

완성 작품 2: 대학 캠퍼스 풍경

실루엣 그림

▌준비물

그림 동화책, 도화지, 연필 또는 색연필

▌방법

1. 토끼 또는 뿔이 있는 사슴 등을 실루엣으로 표현해 놓은 그림을 보여 주며 무엇을 그린 것인지 알아맞히는 놀이를 한다.

2. 실루엣이란 개념을 이해한 뒤 동화책의 그림 중 비교적 그림이 선명한 그림을 골라 아동이 손가락으로 실루엣을 따라 그린다.

3. 손가락으로 몇 번 연습한 그림을 종이에 실루엣 그림으로 그린다. 여백에 집중하여 실루엣을 그릴 수 있도록 한다.

4. 모든 그림을 그리고 난 후 연필이나 색연필로 여백은 어둡게 칠하고 형태는 그대로 놔둔다.

과정 1-1. 동화책 그림 관찰[2]

과정 2-1. 실루엣 그리기

과정 1-2. 동화책 그림 관찰[3]

과정 2-2. 실루엣 그림

2) 나타노 히로타카(1999). 늑대를 혼내줘요. 서울: 여원미디어.
3) 가도타 리쓰코(1999). 도와주는 일은 참 즐거워. 서울: 여원미디어.

▌Tip

아동들은 '실루엣' 이라는 용어보다는 "테두리를 따라 그려 보자." 란 말을 더 쉽게 이해할 수 있다.

예시 1. 형태 오릴 도안 준비.
밀턴 에이버리(Milton Avery)의
⟨검은 점퍼(Black Jumper)⟩(1944)

예시 2. 오려서 테두리 그리기

예시 3. 바탕 색칠하기

예시 4. 실루엣 완성

참고문헌

김연아(2011). 똑똑한 유아 독해-2단계(1) 생활글. 서울: 웅진씽크빅.

강수균, 이규식, 전헌선, 최영하(1999). 감각 · 운동 · 지각훈련. 경북: 대구대학교 출판부.

국립특수교육원(2009). 특수교육학 용어사전. 서울: 하우.

가도타 리쓰코(1999). 도와주는 일은 참 즐거워. 서울: 여원미디어.

김정민, 강태옥, 남궁지영(2007). 한국판 시지각 기능검사. 서울: 도서출판 특수교육.

김진호, 박재국, 방명애, 안성우, 유은정, 윤치연, 이효신(2006). 최신 특수교육. 서울: 시그마프레스

김형일(2014). 지적장애 학생의 이해와 교육. 서울: 학지사.

나타노 히로타카(1999). 늑대를 혼내줘요. 서울: 여원미디어.

박민경(2010). 미술치료를 활용한 성 프로그램이 지적장애 청소년의 성 태도에 미치는 효과: 경도지적장애 청소년을 중심으로. 대구대학교 재활심리학과 대학원 석사학위논문.

박정수(2011). 우뇌를 활용한 미술표현 지도 방안 연구. 한국교원대학교 교육대학원 석사학위논문.

송준만, 강경숙, 김미선, 김은주, 김정효(2012). 지적장애아교육. 서울: 학지사.

신진숙(2010). 지적장애아 교육. 경기: 양서원.

심상욱(2011). 특수학생의 치료적 미술교육. 경기: 양서원.

여광응(1989). 시지각발달검사(DTVP). 서울: 도서출판 특수교육.

여광응(1995). 문자학습 준비기능의 발달 촉진을 위한 시지각 훈련의 이론과 실제. 경산: 대구대학교 출판부.

여광응(2001). 시지각 훈련 프로그램: 이론과 실제. 경기: 한국학술정보.

전인아(2010). 기능중심 성교육 프로그램을 통한 지적장애아동의 성교육 효과. 단국대학교 특수교육대학원 석사학위논문.

조경숙(2013). 발달적 집단미술치료가 중도지적장애아동의 기초조형활동 및 소근육운동에 미치는 영향. 건국대학교 교육대학원 석사학위논문.

진성욱(2008). 경도 지적장애학생과 일반학생의 성지식과 성태도 비교. 창원대학교 교육대학원 석사학위논문.

Ayres, A. J. (2006). 감각통합과 아동(김경미, 김정미, 노종수, 박수현, 유은영, 장문영, 최은희, 최정실 역). 서울: 군자출판사.

Betty Edwards. (1998). 오른쪽 두뇌로 그림 그리기(강은엽 역). 서울: 나무숲.

Katherine Paxton & Irene A. Estay. (2007). 사례를 통한 자폐인의 인지, 행동, 정서 이해(이경아, 조성숙, 홍은미, 조숙환 역). 서울: 시그마프레스.

Kranowitz, C. S. (2003). 우리 아이 왜 이럴까?: 감각통합장애의 이해와 대처(남용현, 이미경 역). 서울: 서울장애인종합복지관.

William L. Heward. (2006). 최신 특수교육(김진호, 박재국, 방명애, 안성우, 유은정, 윤치연, 이효신 역). 서울: 시그마프레스.

저자 소개

최외선(Choi Oeseon)
영남대학교 명예 교수
수련감독미술치료전문가

김갑숙(Kim Gapsuk)
영남대학교 미술치료 전공 교수
수련감독미술치료전문가

서소희(Seo Sohee)
부산인지심리연구소 소장
미술치료사

류미련(Ryu Miryeon)
부산인지심리연구소 교사
미술치료사

강수현(Kang Suhyun)
부산인지심리연구소 교사
미술치료사

조효주(Cho Hyoju)
부산인지심리연구소 교사
임상미술심리상담사 2급

박금채(Park Geumchae)
부산인지심리연구소 교사
임상미술심리상담사 2급

장애영역별 특성에 맞춘

미술치료 열두 달 프로그램 Ⅲ

Art Therapy Twelve Months Program Ⅲ

-Focused on the Characteristics of Each Disability Area

2015년 8월 10일 1판 1쇄 발행
2022년 8월 10일 1판 3쇄 발행

지은이 • 최외선 · 김갑숙 · 서소희 · 류미련 · 강수현 · 조효주 · 박금채

펴낸이 • 김 진 환

펴낸곳 • ㈜ **학지사**

　　　　04031 서울특별시 마포구 양화로 15길 20 마인드월드빌딩 5층

대표전화 • 02) 330-5114　　　팩스 • 02) 324-2345

등록번호 • 제313-2006-000265호

홈페이지 • http://www.hakjisa.co.kr
페이스북 • https://www.facebook.com/hakjisabook

ISBN 978-89-997-0727-8 93180

정가 **18,000원**

이 도서의 국립중앙도서관 출판시도서목록(CIP)은 서지정보유통지원시스템
홈페이지(http://seoji.nl.go.kr)와 국가자료공동목록시스템(http://www.nl.go.kr/kolisnet)
에서 이용하실 수 있습니다.
(CIP제어번호: CIP2015020689)

출판미디어기업 **학지사**

간호보건의학출판 **학지사메디컬** www.hakjisamd.co.kr
심리검사연구소 **인싸이트** www.inpsyt.co.kr
학술논문서비스 **뉴논문** www.newnonmun.com
원격교육연수원 **카운피아** www.counpia.com